Brig–Aletsch–Goms

55 Routenbeschreibungen mit Routenkarten, Routenprofilen und Bildern
Bearbeitet von Alex Ritz und Edelbert Kummer
Herausgegeben unter Mitwirkung der Verkehrsvereine und der
Walliser Wanderwege

Kümmerly+Frey

  5 Vorwort
  8 Übersichtskarte 1:600 000
 10 Routenverzeichnis
 12 Routenkarten 1:200 000
 17 Markierung der Wanderrouten
 19 Routenbeschreibung:
 19   Brig, Routen 1–6
 30   Simplon, Routen 7–15
 45   Blatten–Belalp, Routen 16–20
 53   Mörel–Riederalp, Routen 21–27
 65   Bettmeralp, Routen 28–31
 70   Fiesch, Routen 32–36
 79   Grengiols–Ernen–Binn, Routen 37–45
 95   Bellwald–Münster–Ulrichen–Oberwald, Routen 46–55
111 Heimatkundliche Notizen
141 Touristische Informationen:
141   Auskunftsstellen
141   Unterkunftsstätten ausserhalb der Ortschaften
142 Register
144 Verzeichnis der Wanderbücher und Wanderkarten

Illustrationen: Eva Styner. Profile: Sabine Houtermans.
Bilder: Otto Beyeler 31, 34, 107. Adrian Mühlethaler 97. Rolf Stähli 15, 94, 101, 102.
SVZ 40, 44, 47, 65, 69, 78, 87. Verkehrsvereine: Bettmeralp 3. Breiten 16. Brig 18, 21, 23.
Naters-Blatten-Belalp 6, 26, 29, 110. Riederalp 5, 53, 57.
Routenkarte: reproduziert mit Bewilligung des Bundesamtes für Landestopographie vom 23.3.87
© 1960 Kümmerly + Frey, Geographischer Verlag, Bern. Ausgabe 1987
Printed in Switzerland ISBN 3-259-03621-0

◀ **Umschlagbild: Naturschutzgebiet Aletschwald mit Blick auf den Grossen Aletschgletscher sowie Wannenhörner und Strahlgrat im Hintergrund. Mit 22 km ist der Aletschgletscher der längste Eisstrom der Alpen. Der Schutz im Aletschwald ist total.**

▶ **Die berühmte Kapelle auf Bettmeralp, ein Kleinod in der erhabenen Bergwelt; im Hintergrund das Fletschhorn. Die Kapelle Maria zum Schnee wurde 1679 erbaut und 1930 renoviert. Das Schiff weist eine Holztonne auf, der Chor hingegen ein Kreuzgratgewölbe. Der Hochaltar vom Ende des 17. Jh. stammt aus der Werkstatt von J. Sigristen, die zentrale Muttergottes wird J. Ritz zugeschrieben.**

Das vorliegende Wanderbuch umfasst das Oberwallis von Brig bis zur Furka: das Simplongebiet, die Region Aletsch und das Goms. Die Wandermöglichkeiten sind hier zahlreich und mannigfaltig. Die Wanderwege verlaufen durch den Talgrund und an den Hängen, sie ziehen über die Pässe in benachbarte Täler und sogar über die Landesgrenze. Wenn man diese oftmals rauhen Gebirgswege richtig verstehen und würdigen will, muss man auch ihren ursprünglichen Zweck berücksichtigen: Sie überwinden als Verkehrsverbindungen den Hang, verbinden die Dörfer mit den Maiensässen, Wäldern und Alpweiden und überqueren die Wasserläufe. Darum tut der Wanderer gut daran, schon vor Beginn eines Ausfluges Kartenskizzen, Profile und Routenbeschreibungen genau zu studieren. Aber auch während des Wanderns kann dieses Buch immer wieder zu Rate gezogen werden. Es wendet sich in erster Linie an diejenigen Menschen, welche alles, was ihnen auf ihrem Weg begegnet, betrachten, verstehen und wertschätzen wollen. Es versucht die Aufmerksamkeit auf die geologische Bodenbeschaffenheit und auf die Landschaftsformen zu lenken, auf die Flora und das Zusammentreffen der südlichen Vegetation und der Alpenpflanzen, auf die Tierwelt und nicht zuletzt auf das Leben der Menschen, das so stark von den Bergen beeinflusst wird. Diese Besinnlichkeit kann die Wanderlust und die geistige Erholung nur fördern. Je mehr wir unsere Aufmerksamkeit auf die Wunder der Natur richten, um so eher werden die Wanderungen uns die erwartete Erholung vom Lärm und Stress des Alltags bringen.   Alex Ritz

◄ **Bei der imposanten Gletschertraversierung Riederalp–Belalp oder umgekehrt entdeckt der Wanderer in der Nähe der Tällihütte zwei grosse Erdpyramiden (Route 17), Abtragungsformen, die durch starke Abspülung an Steilhängen herauspräpariert wurden.**

► **Der Aletschgletscher ist nicht nur der längste, sondern auch flächenmässig der grösste Gletscher der Alpen. Die Verkehrsvereine bieten in Zusammenarbeit mit den Bergführern im Sommer jede Woche mehrere geführte Gletscherbegehungen an (Route 17).**

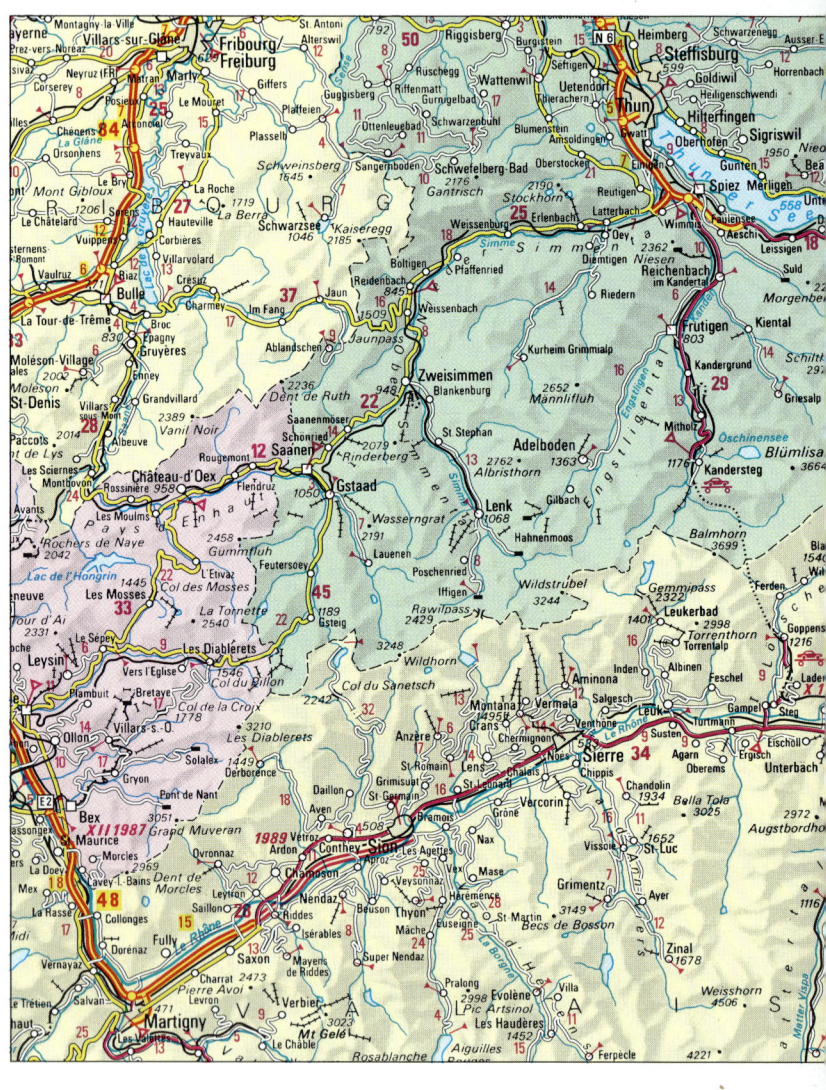

Brig Seite
1 Brig–Termen–Grengiols 5 Std. 45 Min. 19
2 (Brig)–Schallberg–Rosswald–Saflischpass–Binn 7 Std. 20
3 Brig–Schallberg–Simplonpass (Stockalperweg) 4 Std. 30 Min. 22
4 Brig–Birgisch–Mund–Chastler–Eggerberg 6 Std. 24
5 Brig–Nessel–Belalp 5 Std. 10 Min. 25
6 Brig–Blatten–Belalp 4 Std. 40 Min. 27

Simplon
7 Rosswald–Bortelalp–Rothwald
(Simplon Höhenweg) 5 Std. 45 Min. 30
8 Simplonpass–Mäderlücke–Rothwald 4 Std. 45 Min. 32
9 Simplon-Hospiz–Bistinepass–Gebidumpass–
Visperterminen 5 Std. 30 Min. 33
10 Simplon-Hospiz–Bistinepass–Sirwoltesattel–
Simplon Dorf 6 Std. 30 Min. 35
11 Simplon-Hospiz–Chastelberg–Alpjerbidi–
Alpjerung–Gondo oder Iselle (Römerweg) 10 Std. 40 Min. 36
12 Simplon Dorf–Rossbodestafel–Griesserna–
Simplon Dorf 2 Std. 45 Min. 38
13 Simplon Dorf–Antonius–Laggin Biwak 3 Std. 30 Min. 39
14 Simplon Dorf–Laggintal–Bidemji/Hütte 2 Std. 45 Min. 41
15 Simplon Dorf–Furggu–Zwischbergen–Gondo 7 Std. 42

Blatten–Belalp
16 Blatten–Riederfurka–Riederalp 3 Std. 20 Min. 45
17 Belalp–Aletschgletscher–Riederalp 5 Std. 30 Min. 46
18 Belalp–Oberaletschgletscher–Oberaletschhütte 3 Std. 30 Min. 48
19 Belalp–Sparrhorn 3 Std. 30 Min. 50
20 Belalp–Foggenhorn–Nessel–Belalp 4 Std. 15 Min. 51

Mörel–Riederalp
21 Mörel–Breiten–Ried/Mörel–Riederalp 3 Std. 30 Min. 53
22 Mörel–Breiten–Betten–Lax 4 Std. 40 Min. 54
23 Ried/Mörel–Burg Mangepan–Äbnet–
Zen Hohen Flühen–Mörel 2 Std. 30 Min. 56
24 Riederalp–Bettmeralp–Kühboden 2 Std. 10 Min. 58
25 Riederalp–Riederfurka–Aletschwald–Riederalp 3 Std. 40 Min. 59
26 Riederalp–Riederfurka–Alte Stafel–
Greichergrat–Blausee–Riederalp 4 Std. 10 Min. 61
27 Riederalp–Riederfurka–Oberried–Ried/Mörel 2 Std. 50 Min. 63

Bettmeralp
28 Bettmeralp–Greichergrat–Aletschwald–
    Riederfurka–Riederalp   1 Std. 50 Min.   65
29 Bettmeralp–Greichergrat–Bettmerhorn   2 Std. 30 Min.   66
30 Bettmeralp–Greichergrat–Märjelen   3 Std.   67
31 Bettmeralp–Märjelensee–Vordersee
    (Gletscherweg)   1 Std. 45 Min.   68

Fiesch
32 Fiesch–Lax–Niederernen–Fiesch   2 Std.   70
33 Fiesch–Gibelegge–Fieschertal–Fiesch   2 Std. 15 Min.   71
34 Fiesch–Bellwald–Niederwald   2 Std. 40 Min.   73
35 Fiesch–Fieschertal–Fieschergletscher–Fiesch 5 Std.   74
36 Kühboden–Eggishorn–Märjelensee–
    Kühboden   6 Std.   76

Grengiols–Ernen–Binn
37 Grengiols–Twingi–Binn   2 Std. 50 Min.   75
38 Grengiols–Furgge (Breithorn)–Binn   6 Std. 50 Min.   80
39 Grengiols–Ernen–Niederwald   3 Std. 45 Min.   82
40 Ernen–Uf en Egga–Rappetal–Ernen   5 Std.   83
41 Ernen–Ärnergale–Chummehorn–Reckingen   8 Std. 20 Min.   85
42 Binn–Eggerhorn–Ernen   6 Std.   86
43 Binn–Fäld–Binntalhütte SAC–Albrunpass   3 Std. 40 Min.   88
44 Binn–Fäld–Geisspfad   3 Std. 30 Min.   91
45 Binn–Heiligkreuz–Ritterpass–Alpe Veglia–
    San Domenico   8 Std. 45 Min.   92

Bellwald–Münster–Ulrichen–Oberwald
46 Bellwald–Münster
    (Gommer Höhenweg 1. Teil)   5 Std. 15 Min.   95
47 Münster–Oberwald
    (Gommer Höhenweg 2. Teil)   4 Std.   96
48 Bellwald–Richinen–Risihorn   4 Std. 20 Min.   98
49 Bellwald–Litzibach–Blitzingen   4 Std. 50 Min.   99
50 Münster–Galmihornhütte–Münster   4 Std. 30 Min. 100
51 Münster–Brudelhorn–Ulrichen   8 Std. 15 Min. 103
52 Ulrichen–Nufenenpass oder Griespass   4 Std. 15 Min. 104
53 Obergesteln–Grimselpass   2 Std. 30   105
54 Oberwald–Bidmer–Furkapass   4 Std. 30 Min. 106
55 Oberwald–Münster–Niederwald (Rottenweg) 5 Std. 10 Min. 108

Die Markierung der Wanderrouten geschieht nach den von den «Schweizer Wanderwegen» aufgestellten Richtlinien.

Die Markierung der Wanderrouten in der Schweiz ist einheitlich und geschieht nach den von den «Schweizer Wanderwegen» aufgestellten Richtlinien. Sie besteht aus Wegweisern mit oder ohne Zeitangaben, Richtungszeigern, Rhomben und Farbmarkierungen.

Die angegebenen Marschzeiten basieren auf einer durchschnittlichen Leistung von 4,2 km in der Stunde auf flachem, gut begehbarem Gelände. Abweichungen bei Steigungen, Gefälle oder schwierigem Gelände sind mit berücksichtigt. Rastzeiten sind nicht eingerechnet.

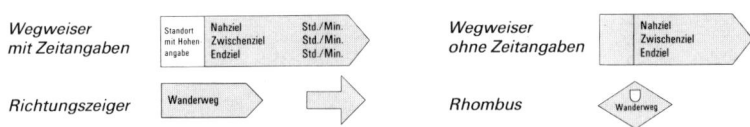

Wegweiser mit Zeitangaben — Standort mit Höhenangabe / Nahziel Std./Min. / Zwischenziel Std./Min. / Endziel Std./Min.

Wegweiser ohne Zeitangaben — Nahziel / Zwischenziel / Endziel

Richtungszeiger — Wanderweg

Rhombus — Wanderweg

Die Markierung der Bergrouten unterscheidet sich von derjenigen der Wanderrouten durch die weiss-rot-weisse Spitze des Wegweisers. Richtungszeiger, Rhombus und Farbmarkierung sind weiss-rot-weiss.

Bergrouten stellen grössere Anforderungen an den Wanderer: Bergtüchtigkeit, besondere Vorsicht, wetterfeste Kleidung und geeignetes Schuhwerk.

Anschlüsse an den öffentlichen Verkehr werden mit folgenden Symbolen vermerkt:

- Bahnstation
- Bus- oder Poststation
- Standseilbahnstation
- Luftseilbahn- oder Gondelbahnstation
- Sesselbahnstation

Legende zu den Routenprofilen:

- Stadt oder Dorf mit Kirche
- Weiler
- Einzelgebäude
- Schloss
- Ruine
- Gasthaus
- Klubhütte, Unterkunft
- Wald
- Denkmal
- Aussichtspunkt

◄◄ **Ernen, einst mit Münster Hauptort des Bezirks Goms und wichtiger Etappenort im Passverkehr, birgt eine Anzahl prächtiger Gebäude aus den 16. und 17. Jh.; da Fiesch später verkehrstechnisch begünstigt wurde, hat Ernen seit dem Ende des 18. Jh. sein Aussehen bewahrt (Routen 39–42).**

◄ **Blick von der herbstlichen Tunetschalp übers Rhonetal ins Aletschgebiet. Rechts oben das Bettmerhorn (Route 1).**

► **Im Zentrum von Brig steht die St.-Sebastian-Kapelle aus dem 17. Jh. und davor als Zierde des Stadtbrunnens das Chavez-Denkmal zur Erinnerung an das erste Überfliegen des Simplons im Jahre 1910; die kühne Pioniertat endete für Chavez tödlich (Routen 1–6).**

1   Brig–Termen–Grengiols

Angenehme Wanderung über die Terrasse des Brigerberges und den Hang
von Tunnetsch nach Grengiols

Route	Höhe in m	Hinweg	Rückweg
Brig 🚋 🚌	678	–	5 Std. 30 Min.
Termen 🚌	919	45 Min.	4 Std. 45 Min.
Z'Gartu	1404	2 Std. 30 Min.	3 Std. 30 Min.
Eiste	1476	3 Std. 45 Min.	2 Std. 20 Min.
Bister	1160	4 Std. 45 Min.	1 Std.
Grengiols 🚋	891	5 Std. 45 Min.	–

Vom Bahnhof *Brig* (S. 119) wandern wir in südlicher Richtung der Bahnhofstrasse entlang zum Sebastiansplatz, an der neuen Pfarrkirche vorbei
durch die alte Burgschaft zum Stockalperschloss, links den gepflästerten
Termerweg hinauf und an der Kollegiumskirche vorbei bis zur Kreuzung
Kettelerstrasse (Pt. 731). Auf einem geteerten, verkehrsarmen Strässchen
geht es durch schwach besiedeltes Gebiet zur Siedlung Undri Biela. An der
Kapelle der hl. Rita vorbei gelangen wir an eine Weggabelung. Nach links
erreichen wir über einen Naturweg die Dorfstrasse und auf dieser den Dorfplatz von *Termen* (S. 139).
Nun folgen wir in südlicher Richtung der Flurstrasse bis zur Unterführung
der neuen Simplonstrasse. Nach links wandern wir auf der Flurstrasse an der
Siedlung Hasel vorbei hinauf zum Waldeingang bei der Ledischeune. Hier
bietet sich ein einmalig schöner Blick auf das Dorf Termen. Ein bequemer,
jedoch zu Anfang etwas steiler Weg bringt uns weiter oben zur Waldlichtung *Z'Gartu,* wo die Burgergemeinde Termen, der Verkehrsverein und die
«Schweizer Familie» einen herrlichen Rastplatz geschaffen haben.
Von hier führt der schmale Pfad in den Tunnetschgrabe und hinüber zu den
Alpen Niesch und *Eiste*. Über die Forststrasse oder den Waldweg erreicht
man die Seilbahnstation und das Restaurant Tunnetsch. Nun biegen wir in
den Tunnetschwald, queren den Gifrischgrabe und erreichen auf einem stei-

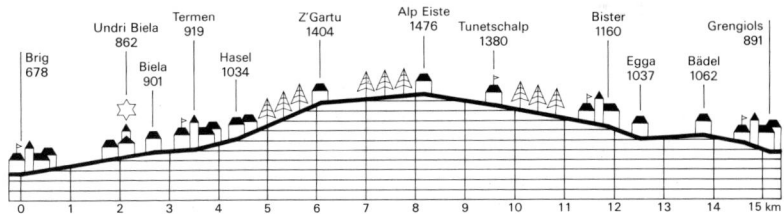

len Weg das Dörfchen *Bister* (S.118). Über Egga und Bädel gelangen wir zum Dorf *Grengiols* (S.126) und hinunter zur Station der Furka-Oberalp-Bahn.

Abzweigungen
a) Termen–Salzgäba–Raft–Obers Matt–Sand–Mörel 🚶 🚠 2 Std.
b) Termen–Unners Matt–Brig 🚶 🚃 1 Std. 15 Min.

2   (Brig)–Schallberg–Rosswald–Saflischpass–Binn

Prächtige Passwanderung von Schallberg mit hervorragender Aussicht. Der Wanderer hat die Möglichkeit, den Stockalperweg (Route 3) von Brig nach Schallberg zu benützen.

Route	Höhe in m	Hinweg	Rückweg
Schallberg 🚃	1316	–	7 Std.
Glimmuschir 🚠	1819	45 Min.	6 Std. 30 Min.
Rosswald 🚠	1928	1 Std. 15 Min.	6 Std.
Saflischpass	2564	6 Std. 30 Min.	4 Std.
Zen Binnen	1344	6 Std. 30 Min.	30 Min.
Binn 🚃	1400	7 Std.	–

Von *Schallberg* steigt der Weg am Restaurant vorbei und verschwindet bald im Föhrenwald. Über den Restiwasen gelangt man zur Voralp Resti und weiter hinauf nach *Glimmuschir* (S.136) und zur Bergstation der Seilbahn *Rosswald* (S.136). Hier beginnt die eigentliche Wanderung über den Saflischpass. Auf markiertem Bergweg steigt man hinauf, nordostwärts am Parkplatz vorbei zu den Alphütten und der Kapelle von Rosswald. In gleicher Richtung setzt sich der Weg fort zur Saflischhütte empor und über die Saflischmatte zum neuen Bergrestaurant. Von hier schweift der Blick über die

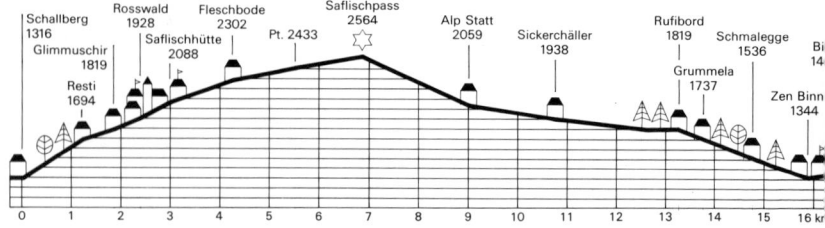

Das Stockalperschloss in Brig mit den drei markanten Türmen und den prächtigen Arkadengängen, in den Jahren 1658–1678 vom mächtigen Handelsmann Kaspar Jodok von Stockalper erbaut.

ganze Nordseite des Simplons, das Rhonetal und seinen rechten Hang bis hinüber zu den Berner Alpen. Das Gebiet von Rosswald wird auch von den Skifahrern sehr geschätzt.

Der Wanderweg führt nun um einen weiten Hang herum zum Fleschbode. Von da an wird der Weg schmal und offen bis zur Wasserscheide am *Saflischpass*. Die Alpenflora ist hier sehr vielfältig und interessant.

Der Abstieg ins Binntal führt von Tanzbode rechts hinunter zum Saflischbach und an den Hütten von Sickerchäller und Mittelstafel vorbei. Im Chelliwald wählen wir den Weg nach links, der nach Rufibord, Grummela und *Zen Binnen* (S. 117) führt. Nach kurzem Aufstieg erreichen wir den Ort *Binn* (S. 115).

Abzweigungen

a) Rosswald–Folluhorn (2656 m)–Bergstation des Stafellifts–Fleschbode–Saflischmatte–Rosswald (Rundwanderung) 3 Std. 45 Min.

b) Saflischpass–Bättlihorn (2951 m) 1 Std. 30 Min.

c) Saflischpass–Brunegge–Furggerchäller–Grengiols 🚂 4 Std. 20 Min.

3 Brig–Schallberg– Simplonpass

Stockalperweg. Auf den Spuren des Saumpfades zur Passhöhe. Die reiche historische Bausubstanz und die Gesamtlänge machen den Stockalperweg für die Schweiz zu einem bedeutenden Baudenkmal des 17. Jh.

Route	Höhe in m	Hinweg	Rückweg
Brig 🚋 🚌	678	–	4 Std.
Brei	875	40 Min.	3 Std. 30 Min.
Schallberg 🚌	1316	1 Std. 30 Min.	3 Std.
Grund/Ganter	1056	2 Std. 10 Min.	2 Std.
Taferna	1597	3 Std. 45 Min.	45 Min.
Simplonpass 🚌	2005	4 Std. 30 Min.	–

Vom Bahnhof *Brig* (S. 119) gelangen wir durch die Bahnhofstrasse und die alte Burgschaft hinauf zum Kloster St. Ursula. Nach links folgen wir 200 m der Riedbachstrasse, um bei einem grossen Stall rechts das Städtchen zu verlassen. Der sogenannte Römerweg führt uns zur Postauto-Haltestelle Stützen. Auf dem Fussgängerstreifen queren wir die Simplonstrasse und steigen eine Treppe hoch. Auf einem Strässchen wandern wir zu den Weilern Lingwurm und *Brei.* Vor dem ersten Chalet der Feriensiedlung zeigt ein Wegweiser hinauf in den Riederwald, wo man bald eine Forststrasse erreicht. Nach etwa 500 m verschwindet der alte Saumweg wieder im Wald. Bei Pt. 1233 erreicht man die alte Simplonstrasse, der man bergwärts eine kurze Strecke folgt. Bei der Einmündung in die neue Nationalstrasse wechselt man auf eine Forststrasse über, die nach *Grund* im Gantertal absteigt. Man kann aber auch den Weg vom Restaurant *Schallberg* hinunter wählen (Posthaltestelle Pt. 1316). Eine reizvolle Sicht auf das ganze Gebiet nördlich des Simplons und auf das Gantertal öffnet sich uns hier.
Nun zieht sich der Weg an der Wasserfassung am Tafernabach vorbei nach Mittubäch hinauf. Unversehens erreicht man *Taferna* (S. 139), eine ehema-

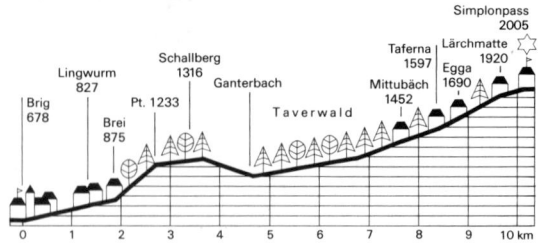

lige kleine Gaststätte aus dem 17. Jh., und setzt den Weg fort zur Alp Egga. Der Pfad steigt nun in Windungen durch lichte Lärchenwälder empor. Man denkt an die zahllosen Karawanen von Menschen und Tieren, die vor der Erstellung der Strasse diesen Weg gezogen sind. Die weite Sicht auf den harmonischen, offenen *Simplonpass* (S.138) ist eine schöne Belohnung für denjenigen, der ihn aus eigener Anstrengung erreicht hat.

Nebenroute
a) Napoleonsbrücke–Wickert–Wickertwald–Gettelgrabe–Unter Nesseltal–
   Ober Nesseltal–Gälemji (2373 m)–Hopsche–Stalde–Simplonpass 🚋
   6 Std.

Abzweigungen
b) Mittubäch–Rothwald 🚋 1 Std. 15 Min.
c) Mittubäch–Filischter Schlüocht–Ober Nessel 1 Std. 15 Min.

▶ **Der grosse steinerne Adler auf der Simplon-Passhöhe erinnert an die Grenzbesetzung während des Zweiten Weltkrieges 1939–1945 durch die Geb Br 11 (Routen 3, 8).**

4   Brig–Birgisch–Mund– Chastler–Finnu–Eggerberg

Interessante, empfehlenswerte Wanderung an der sonnigen Lötschberg-Südrampe von Brig aus.

Route	Höhe in m	Hinweg	Rückweg
Brig 🚋 🚂	678	–	5 Std. 45 Min.
Naters 🚂	680	20 Min.	5 Std. 30 Min.
Birgisch 🚂	1091	1 Std. 45 Min.	4 Std. 40 Min.
Mund 🚂	1200	2 Std. 30 Min.	4 Std. 10 Min.
Chastler	1610	4 Std.	3 Std. 15 Min.
Finnu	1414	4 Std. 40 Min.	2 Std. 10 Min.
Eggen 🚂	1050	5 Std. 15 Min.	1 Std.
Eggerberg 🚂	853	6 Std.	–

Nach dem Verlassen des Bahnhofs *Brig* (S. 119) überquert man die Rhone (Rotten), um sogleich das grosse Dorf *Naters* (S. 131) zu betreten. Der Weg führt im Dorfzentrum am Beinhaus, an der Pfarrkirche und am Ornavasso-Turm vorbei ins Chlosi. Hier biegen wir nach links in den alten Saumweg ein, der bei Pt. 955 in die neue Strasse mündet, diese aber nach 500 m wieder verlässt, um uns über den alten Weg hinauf zum Dorfplatz von *Birgisch* zu bringen.
Von Birgisch folgen wir dem Saumweg, der nach einem kurzen Anstieg zur alten Sägerei flach im grossen Bogen über Mundchi ins Dorf *Mund* (S. 130) führt. Nun steigen wir über Roosse und Huppo hinauf nach *Chastler* (S. 120), einem interessanten Flecken auf einer lieblichen Hochebene im Salwald mit Blick auf das Matterhorn.
Nach einem nicht sehr steilen Abstieg gelangt man nach *Finnu* (S. 123). Von hier geniesst man einen Tiefblick auf Visp und in die Vispertäler. In der Ferne ragt die Pyramide des Weisshorns empor, und das mächtige Massiv der Mischabelgruppe erhebt sich zwischen den Tälern von Saas und St. Niklaus.

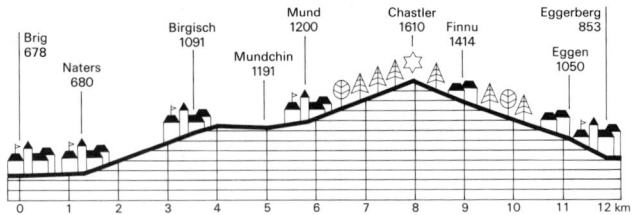

Beim Abstieg zum Weiler *Eggen* fällt der Blick bereits ins Baltschiedertal, wo in blendendem Weiss das Bietschhorn auftaucht. Etwas weiter unten erreichen wir *Eggerberg* (S.120), das früher zu Visp, zeitweise sogar zu Naters gehörte.

Abzweigungen
a) Mundchi–Gredetschtal–Strick–Pt. 1910 3 Std.
b) Mund–Warbflieh–Gstein–Lalden 🚠 1 Std.

5   Brig–Naters–
            Nessel–Bäll–Belalp

Prächtige Alpwanderung zur hohen Aussichtswarte der Belalp.

Route	Höhe in m	Hinweg	Rückweg
Brig 🚂	678	–	3 Std. 50 Min.
Naters 🚌	680	20 Min.	3 Std. 35 Min.
Chittumatte	1660	2 Std. 50 Min.	1 Std. 50 Min.
Nessel	2010	3 Std. 50 Min.	1 Std. 10 Min.
Bäll	2010	4 Std. 20 Min.	40 Min.
Belalp 🚡	2094	4 Std. 35 Min.	30 Min.
Hotel Belalp	2130	5 Std. 10 Min.	–

Vom Bahnhof *Brig* (S.119) gelangt man über den Rotten ins grosse Dorf *Naters* (S.131). Oben im Dorf schlägt man einen Saumpfad ein, der in westlicher Richtung auf die Terrasse führt. Über Wiesen mit vielen Berghäuschen gelangt man nach Eiholz. Von hier steigt man in nördlicher Richtung hinauf und tritt bei der linken Ecke der Wiesen von Unter Schitter in den Birgischwald ein. Nach einem langen Anstieg entdeckt man eine waldumschlossene Wiese mit kleinen Hütten auf einer Höhe von 1660 m. Es ist die *Chittumatte*. Der Weg führt wieder in den Wald, durch felsige Hänge

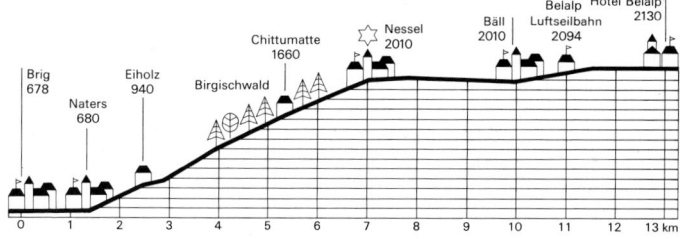

Sonntagstracht aus Naters. Der sogenannte Kreshut (Kres = Krause) ist so typisch für das Wallis, dass seine Vertreterinnen auf interkantonalen Trachtenfesten unweigerlich hervorstechen. Es handelt sich um ein kostbar besticktes, vielfach gefälteltes, spitzenbesetztes Seidenband.

auf eine prächtige Hochterrasse mit einer Reihe kleiner Sennhütten, die von Lärchen umgeben sind. Es ist *Nessel,* das in einer Höhe von 2010 m liegt. Eine hübsche Kapelle mit originellem Glockentürmchen steht auf rauhen Felsen. Man fühlt sich reichlich belohnt für den langen und mühsamen Aufstieg. Ein schroffer Felshang fällt von dieser Hochebene 1000 m tief nach Geimen ab.

Von Nessel aus wandert man auf hübschem Pfad ebenhin über die Felsen, mit Blick auf die weiten Alpweiden. Ein kleiner Platz bei Bodme überrascht uns mit seinem typischen Pflanzenwuchs auf feuchtem Moosboden. Wie – so fragt man sich unwillkürlich – kann sich das Wasser am Rande eines solchen Abgrundes in einem Moose halten?

Nach dem Überschreiten eines Wildbaches gelangt man in ein grosses Alpdorf mit Holz- und Steinhütten. Es ist *Bäll,* die grösste Alp von Naters. Die Hütten stehen verstreut auf gewelltem Bodem, den die ehemaligen Gletscher geformt haben. Jede Familie besitzt hier ihre eigene Hütte mit Stube, Küche und Stall. Die Tiere weiden gemeinsam, und am Abend nimmt jeder

Besitzer die seinigen zurück, melkt sie und bereitet den Käse zu. Meistens sind es Frauen und Kinder, die diese Arbeit verrichten; sie verbringen den ganzen Sommer dort oben. Die grosse Dreifaltigkeitskapelle aus dem Jahre 1696 besitzt einen barocken Hochaltar aus dem 18. Jh. und ein schmiedeeisernes Gitter. Zahlreiche Votivtafeln lassen erkennen, dass es sich um einen Wallfahrtsort handelte.

Von Bäll ist der Weg sehr angenehm; er steigt leicht an bis zur Bergstation der Luftseilbahn. Ob einer Schlucht überscheitet man den Wildbach Bruchi, dessen Blockrinne man oberhalb Blatten erkennt. Ein kleiner Aufstieg von 100 m führt uns zu den hübschen Seelein von Lüsga, von wo aus man die Hütten und das Hotel Belalp direkt erreichen kann.

Während des letzten Teils dieser Wanderung geniesst man einen schönen Tiefblick auf drei Täler: das Massa-, das Blind- und das Geimental, die von der Erosion des Gletschers geformt und von seinen Ablagerungen überzogen sind. Man erreicht das *Hotel Belalp* (S. 113) auf einer prächtigen Terrasse; in der Nähe stehen eine Kapelle und einige Sennhütten.

6   Brig–Blatten–Belalp

Wanderung auf alten Saumpfaden durch idyllische Weiler hinauf zur Belalp.

Route	Höhe in m	Hinweg	Rückweg
Brig 🚂 🚌	678	–	3 Std. 15 Min.
Naters 🚌	680	20 Min.	2 Std. 55 Min.
Geimen 🚌	1037	1 Std. 30 Min.	2 Std. 5 Min.
Blatten 🚌 🚠	1327	2 Std. 10 Min.	1 Std. 45 Min.
Hotel Belalp	2130	4 Std. 40 Min.	–

Vor dem Antritt der Wanderung lohnt es sich, vom Bahnhof *Brig* (S. 119) einen Blick auf das Gebiet des Aufstiegs zu werfen, das einzig in seiner Art ist. Es zeigt abgerundete Felsbuckel mit nur wenig Pflanzenwuchs, Zeugen

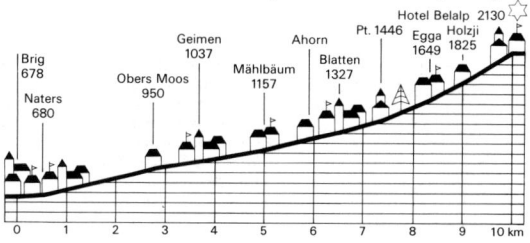

für die Erosionsarbeit des Grossen Aletschgletschers aus der Quartärzeit. Nach dem Verlassen des Bahnhofs Brig überquert man die Rhone, um sogleich ins grosse Dorf *Naters* zu gelangen, das in seiner sonnigen Nische eine vor den Talwinden geschützte Lage hat. Der Weg führt zuoberst im Dorfe nach rechts hinaus und steigt rasch an.

Über einen sanften Hang hinauf gelangt man nach Obers Moos und *Geimen*. Der Weg windet sich zwischen den Felshöckern empor. Man folgt ihm bis in den oberen Teil von Geimen. Oberhalb des Weilers Mählbäum verlässt man die Strasse nach rechts und steigt 100 m hinauf, um eine sehr interessante südländische Pflanze zu beobachten: die Weisse Goldwurz. Die weissen Blüten, um einen langen Stengel gedrängt, gleichen von weitem Kerzen. Diese Pflanze findet man im Norden der Alpen nur im Tal der Massa und im Tälchen der Ertentze bei Montana.

Nach *Blatten* (S. 118) gelangen wir von Mählbäum auf Abkürzungen. Das hübsche Dörfchen bildet den Endpunkt der Strasse; eine Luftseilbahn schwebt nach Belalp hinauf. Eine kleine Reihe von Hütten steht gestaffelt am darüberliegenden Hang. Es sind aber nicht ständig bewohnte Häuschen wie diejenigen im Dorf.

Von Blatten führt der Weg auf den Schuttkegel des Wildbaches von Bruchi und erreicht den auf einer ehemaligen Moräne des Aletschgletschers gelegenen Weiler Egga. Von hier folgt man im allgemeinen dem breiten Weg; aber es ist lohnender, einen schmalen Weg zu wählen, der sich nach Nordosten wendet. In den Felsen darüber wächst der Grosse Steinbrech: Aus einer grossen weissgetupften Blattrosette hebt sich ein roter, lieblich geneigter Stengel empor, der sich verzweigt und zahlreiche weisse Blüten trägt.

Der kleine Pfad steigt nach Holzji hinauf. Bei den Sennhütten führt eine Wegspur, als Verbindung zu den Hütten von Ober Aletsch, in einen Trichter hinunter. Wir schlagen einen Pfad ein, der durch einzelnstehende Lärchen hinauf direkt zum *Hotel Belalp* (S. 113) führt. Während des ganzen Aufstieges hat man den Grossen Aletschgletscher vor Augen; dies ist allerdings nicht der Fall, wenn man von Egga dem breiten Weg folgt.

◀ **Die Schmalfrüchtige Hungerblume (oder das Korinther Felsenblümchen) ist eine vor allem in der alpinen, seltener subalpinen Zone vorkommende mittel- und südeuropäische Gebirgspflanze.**

▶ **Getreideernte eines Bergbauern – ein Bild, das heute selten geworden ist. Puncto Mechanisierung hinkt das Berggebiet deutlich hinter der übrigen Schweiz nach; hinzu kommt, dass Feldfrüchte im Berggebiet praktisch nur noch für den Eigenbedarf angepflanzt werden.**

7   Rosswald–Bortelalp–Rothwald

Simplon-Höhenweg, der das Gantertal mit seinen Seitengräben quert.
Die Wanderung eignet sich nur für den Hochsommer und den Herbst. Sie ist
von beiden Seiten her zu empfehlen. Man vergewissere sich über die Öff-
nung beim Verkehrsbüro Brig.

Route	Höhe in m	Hinweg	Rückweg
Rosswald/Glimmuschir 🚠	1819	–	5 Std. 40 Min.
Stafel	1997	45 Min.	4 Std. 55 Min.
Steinutal	2004	2 Std. 15 Min.	3 Std. 40 Min.
Bortel	2113	3 Std. 10 Min.	3 Std. 10 Min.
Schrickbode	1910	4 Std.	1 Std. 45 Min.
Wintrigmatte	2042	5 Std.	1 Std. 05 Min.
Wase	1960	5 Std. 10 Min.	50 Min.
Rothwald 🚌	1745	5 Std. 45 Min.	–

Die Bergstation *Rosswald (Glimmuschir;* S. 136) ist ein herrliches Hochplateau mit phantastischer Rundsicht. Man sieht im Westen bis über den
Rawil hinaus, bestaunt im Norden das prächtige Aletschgebiet, die alles
überragende Kette der Berner Alpen sowie im Süden und Osten die Berge
des Simplongebietes mit dem imposanten Fletschhorn, in das der Rossbodengletscher eingebettet ist.
Von der Bergstation steigen wir zum Autoparkplatz hinauf und wandern auf
dem breiten Forstweg in leichtem Anstieg nach *Stafel.* Der Weg fällt nun
einige Meter ab, überquert den Graben und dringt auf der andern Seite mit
abwechslungsreichen Unterbrüchen in einen schattigen Lärchenwald ein.
Wir wandern nun über einen langgezogenen Rücken bis oberhalb des Rigi
und auf einem schmalen Weg hinunter ins *Steinutal* (S. 138). Hier werden
etwa 1000 Schafe gesömmert. Wir nehmen nun den steilen Aufstieg in
Angriff, der weiter oben ausgesprengte Felsstiegen terrassenartig empor-

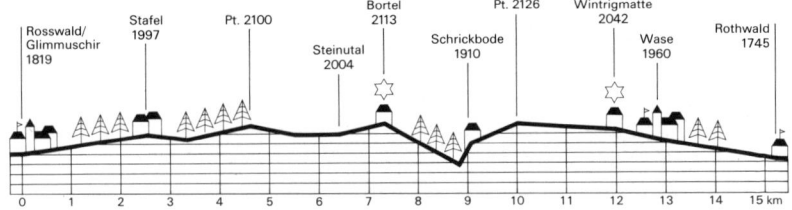

Monte Leone vom Chaltwasserpass aus; der Monte Leone (3553 m) eignet sich sehr gut für Frühjahrsskitouren mit dem Simplonpass als Ausgangspunkt (Route 8).

klettert. Auf einmal stehen wir auf einer Felskrete, etwa 5 Min. vor *Bortel,* dem höchsten Punkt der Wanderung. Immer wieder schweift der Blick hinab ins Gantertal mit der alten Simplonstrasse und auf die neue Ganterbrücke der N 9, die das Tal mit einer Länge von 678 m und einer Höhe von 148 m in eleganter S-Schlaufe überspannt.

Von der Bortelalp, einem ehemaligen Senntum, führt der Wanderpfad vorbei an schäumenden Wasserfällen, durch Buschwerk und zwischen grossen Felsbrocken hindurch hinüber zur Alp *Schrickbode.* Der nun beginnende Aufstieg führt über einen guten Weg auf den Heitrich empor, einen Platz mit vielen Heidelbeeren, und über einen Bergrücken nach *Wintrigmatte,* wo die Wochenzeitschrift «Schweizer Familie» zusammen mit dem Verkehrsverein zwei neue Feuerstellen errichtet hat. Der Weg wird jetzt breit, ist als Forststrasse ausgebaut und erreicht in 5 Min. *Wase* (S. 137) mit einer Alpkäserei. Von hier steigt man mühelos nach *Rothwald* (S. 137) hinunter.

Abzweigungen

a) Stafel–Schmidmatte–Undri Eist 🚌 45 Min.
b) Pt. 2040–Steinugletscher 1 Std.
c) Färrich oder Löub–Tamatte–Berisal 30 Min.

8

Simplonpass–Mäderlücke–Rothwald

Sehr schöne Bergwanderung zur italienischen Grenze.

Route	Höhe in m	Hinweg	Rückweg
Simplonpass 🚌	2005	–	5 Std. 15 Min.
Chaltwassertälli	2648	2 Std. 30 Min.	4 Std.
Mäderlücke	2887	3 Std. 10 Min.	3 Std. 30 Min.
Bodme	2430	3 Std. 50 Min.	2 Std. 30 Min.
Rothwald 🚌	1745	4 Std. 45 Min.	–

Simplon-Kulm (S. 138) erreicht man mit den modernen Postcars auf einer
lohnenden Fahrt über die neu ausgebaute Simplonstrasse. Von der Passhöhe steigt man zur Bergstation des Skilifts hinauf und folgt in östlicher
Richtung der bestehenden Wasserleitung durch schöne Alpenflora. Am
Ende der Wasserleitung, die vom Chaltwasserbach herkommt, verliert sich
der Weg etwas in den Geröllhalden, die jedes Jahr durch die niedergehen-
den Lawinen wieder verändert werden. Hier sind viele Wildbäche zu überqueren. In östlicher Richtung erblickt man ein recht hohes Steinmännlein,
das als Wegweiser dient, falls man durch die Überquerung eines der vielen
Bäche den Weg verloren hat. In der Gegend des Steinmännleins befinden
wir uns mitten in einer Steinwüste, wo Pflanzen kaum noch gedeihen können. Nach einem kurzen Anstieg wird der Blick auf die Kette der Berner
Alpen mit dem markanten Bietschhorn frei. Der Weg verflacht sich dann
etwas und zieht hinein ins *Chaltwassertälli,* in welchem er vom Gletscher
abgeschliffene Granitsteine überquert. Im Chaltwassertälli wandern wir
über saftige Weiden, die zur Linken vom Mäderhorn, zur Rechten vom Breithorn und dem Monte Leone umrahmt sind. Am Ende des Tälchens steht man
ganz nahe am Chaltwassergletscher und sieht in östlicher Richtung den
Chaltwasserpass. Davor liegt ein kleines Seelein, das fast das ganze Jahr
hindurch zugefroren bleibt. Von diesem Punkt auf 2788 m biegen wir links

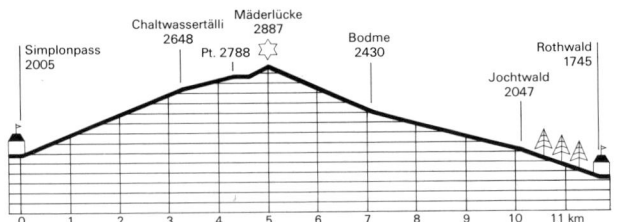

in nordwestlicher Richtung ab und steigen auf die *Mäderlücke,* den höchsten Punkt unserer Wanderung. Man kann aber auch zum See und weiter zum Chaltwasserpass wandern. Der Weg führt dann durch das steile Bodmertälli über Geröllhalden hinunter in die *Bodme.* Ein kurzer Halt beim Bodmerseeli lässt die Strapazen des Abstiegs wieder vergessen. Über sanfte Weiden gelangen wir zur Bergstation des Skilifts Rothwald. Von dort folgen wir dem Forstweg durch den Jochwald und erreichen Ober Rothwald, hoch über dem Gantertal. Nun folgen wir dem markierten Simplon-Höhenweg und erreichen die Postauto-Haltestelle *Rothwald* (S. 137).

Abzweigungen
a) Mäderlücke–Mäderhorn 15 Min.
b) Mäderlücke–Wasenhorn (nur für Schwindelfreie) 2 Std.

9 Simplon-Hospiz– Bistinepass–Gebidumpass– Visperterminen

Lohnende Wanderung vom Simplon über zwei weitere Pässe nach dem berühmten Walliserdorf Visperterminen (S. 140) oberhalb der Heidenreben.

Route	Höhe in m	Hinweg	Rückweg
Simplon-Hospiz	1997	–	6 Std. 30 Min.
Bistinepass	2417	1 Std. 50 Min.	5 Std. 20 Min.
Vispernanz	1826	3 Std.	3 Std. 50 Min.
Gebidumpass	2201	4 Std.	3 Std.
Visperterminen	1368	5 Std. 40 Min.	–

Gleich beim runden Hotel Monte Leone, 200 m unterhalb des *Simplon-Hospizes* (S. 138), steigt der steinige Weg hinab nach den Alpen Bielti und

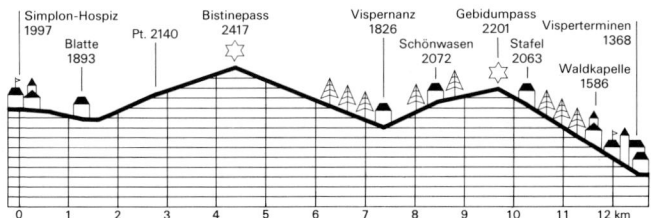

In der Nähe des Gebidumpasses liegt ein kleiner Bergsee, um den sich die Walliser Ziegen gerne in der Sommerhitze sammeln (Route 9).

Sicke. Hier müssen wir den schmalen Bach überqueren, um anschliessend den langgezogenen Bistineweg, der von weither sichtbar ist, emporzusteigen. Nach etwa 30 Min. gelangt man bereits auf den Rücken der *Bistine.* In der Tiefe erblickt man den Alten Spittel (Stockalper) und die nach Süden gegen Simplon Dorf abfallende Passstrasse. Wir treten in eine Mulde, in welcher die Pracht der Alpenflora nichts zu wünschen übriglässt. Der Ausblick vom Bistinenpass nach allen Seiten ist überwältigend. Im Norden schimmern die Berner Alpen, und das Bietschhorn fesselt unseren Blick. Im Osten glänzt der Chaltwassergletscher, überragt vom Monte Leone, und im Süden erhebt sich der imposante Gipfel des Fletschhorns. Der Abstieg erfolgt über Bististafel ins *Vispernanz* hinunter. Der Weg überquert die Gamsa und zieht sich der Bergflanke entlang nach dem *Gebidumpass* mit dem reizenden See 300 m nördlich des Weges. Eine stark gewellte Landschaft, von den einstigen Gletschern geformt, empfängt uns. Eine wunderbare Aussicht bietet sich auf die gegenüberliegende Mischabel, das Bieshorn und das Weisshorn sowie auf den linken Hang des Vispertales mit Zeneggen und Törbel. Auf einem vom Schmelzwasser arg ausgewaschenen steinigen Weg und dem Trassee der Skipiste gelangt man nach Giw, einer Alp mit der Bergstation des Sessellifts nach Visperterminen. Von hier führt der steile Weg an einer grossen Wallfahrtskapelle und weiter unten an zehn kleinen Kapellen vorbei ins bekannte Dorf ob den Heidenreben, *Visperterminen.*

Abzweigungen
a) Vom Gebidumpass zum Gebidumsee 15 Min. und zum Gebidumgipfel 45 Min. Prächtige Aussicht ins Rhonetal.
b) Gebidumpass–Gspon 🚠 2 Std.

10 Simplon-Hospiz– Bistinepass–Sirwoltesattel– Simplon Dorf

Sehr abwechslungsreiche Bergwanderung im Simplongebiet.

Route	Höhe in m	Hinweg	Rückweg
Simplon-Hospiz 🚌	1997	–	8 Std. 10 Min.
Sicke	1893	30 Min.	7 Std. 25 Min.
Bistinepass	2417	1 Std. 30 Min.	6 Std. 35 Min.
Sirwoltesattel	2621	2 Std. 25 Min.	5 Std. 40 Min.
Sirwoltesee	2437	3 Std. 10 Min.	4 Std. 40 Min.
Wysse Bode	2243	4 Std. 30 Min.	3 Std. 20 Min.
Rossbodestafel	1922	5 Std. 30 Min.	1 Std. 40 Min.
Simplon Dorf 🚌	1472	6 Std. 30 Min.	–

Beim runden Hotel Monte Leone, 200 m unterhalb des *Simplon-Hospizes*
(S. 138), zweigt der Weg ab nach den Alpen Bielti und *Sicke.* Nachdem man
den schmalen Bach überquert hat, steigt man den langgezogenen Bistinen-
weg empor. Über den Rücken der Bistine gelangen wir in eine Mulde und
bald darauf zum *Bistinepass.* Eine Pyramide aus Stein, welche durch Soldaten während des Zweiten Weltkrieges hier oben errichtet wurde, markiert
den Passübergang. Hier öffnet sich das Nanztal, und ringsherum grüssen die
vereisten Häupter der Walliser Alpen bis zum Monte Leone-Massiv sowie im
Norden die Berner Alpen.
Wir setzen die Wanderung vom Bistinepass auf einem guterhaltenen Mili-
tärweg hinter dem Mage- und Galehorn fort und erreichen über den *Sirwoltesattel* den *Sirwoltesee.* Eisblöcke, die von den Hängen des Rauthorns
herunter in den See stürzen, erinnern an die Eisberge einer Polarlandschaft.
Den weiteren Aufstieg nach *Wysse Bode* markieren Steinmänner. Ein ange-
nehmer Abstieg führt nach *Rossbodestafel.* Hier sömmern noch die letzten
Senninnen von Simplon Dorf ihr Vieh, wie unsere Ahnen vor Jahrhunder-

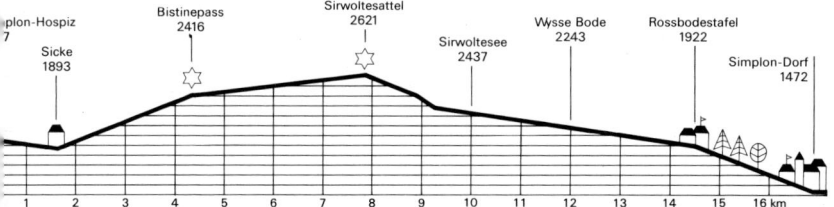

ten. In unmittelbarer Nähe droht der Rossbodegletscher und erinnert daran, dass 1901 ein Teil davon mit Urgewalt hinunterstürzte und Menschen, Vieh, Wälder und Weiden unter sich begrub. Ein prächtiger Teppich von Jungwald verdeckt heute die unvergessenen Narben der Vergangenheit. Auf gutem Alpweg erreichen wir über Egga *Simplon Dorf* (S. 137).

Abzweigung
Sirwoltesee–Wysse Bode–Chlusmatte oder Nideralp–Alte Spittel–Sicke–Bielti–Simplon-Hospiz 🚌 2 Std.

11 Simplon-Hospiz– Chastelberg–Alpjerbidi– Alpjerung–Iselle

Römerweg. Prächtiger, historisch interessanter Höhenweg am linken Talhang vom Simplonpass zur italienischen Grenze und nach Gondo oder Iselle hinunter.

Route	Höhe in m	Hinweg	Rückweg
Simplon-Hospiz 🚌	1997	–	11 Std. 30 Min.
Homatta	2039	1 Std. 30 Min.	10 Std.
Hobielestafel	2012	3 Std. 20 Min.	8 Std. 15 Min.
Alpjerbidi	2000	4 Std.	7 Std. 40 Min.
Alpje/Egga	1587	5 Std. 40 Min.	5 Std. 10 Min.
Corwetsch	2024	7 Std.	4 Std. 10 Min.
Alpjerung	2068	7 Std. 25 Min.	3 Std. 50 Min.
Iselle 🚂 🚌	673	10 Std. 40 Min.	–

Auch die Simplon-Südseite besitzt einen prächtigen Höhenweg. Ausgangspunkt ist das *Simplon-Hospiz* (S. 138); man wendet den Blick nach

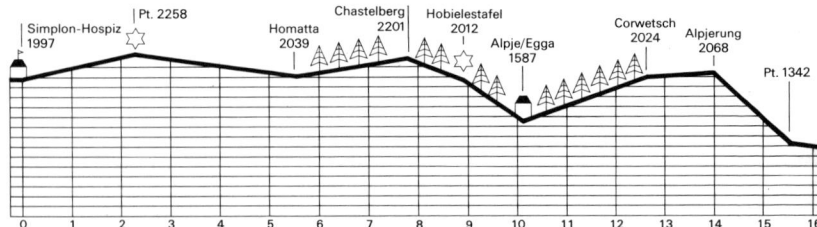

einem halbstündigen Aufstieg nochmals zurück auf die Berner Alpen, um dann ganz vom Talkessel südlich des Simplons in Bann gezogen zu werden. In einer guten Stunde erreicht der Wanderer über Howeng die *Homatta,* eine Sommeralp, die noch regelmässig bestossen wird. Hier bietet sich auch die Gelegenheit, nach Egga oder Simplon Dorf abzubiegen. Wenn wir dem Höhenweg weiter folgen, überrascht uns bei Holiecht der Talkessel von Simplon Dorf. Rechts grüsst das imposante Fletschhorn mit dem Rossbodegletscher, der wie ein zu Eis erstarrter Wasserfall am Fletschhorn hängt. Tief unten träumt Simplon Dorf, umgeben von prächtigen Matten, in ungestörter Ruhe. An knorrigen, von Stürmen arg zerzausten Lärchen vorbei folgen wir der Waldgrenze nach *Hobiele.* Hier hat der Wanderer die Wahl, auf der sehr gut ausgebauten Waldweg nach Simplon Dorf abzusteigen oder weiter dem Höhenweg nach *Alpjerbidi* zu folgen. Vor unsern Füssen öffnet sich die über 1000 m tiefe Gondoschlucht, wo nur noch Gemsen und Adler ihre fast unzugängliche Heimat haben. Gegen Süden wird auch der Blick frei in das Wanderparadies des Laggintales, auf die prächtige Sommeralp *Alpje,* und auch Italien grüsst herauf zu diesem Aussichtspunkt. Obwohl die Felsen fast ungangbar erscheinen, führt ein guter Bergpfad hinunter nach Alpje, einer der prächtigsten Alpen weiterum.
Ein Aufstieg führt uns über Chemi–Piäneza–*Corwetsch* nach *Alpjerung* an die schweizerisch-italienische Landesgrenze. Vielfältige Entdeckungen in der Natur und auch an italienischen Bauwerken lohnen den dreistündigen Abstieg nach Trasquera und *Iselle.* Blumenfreunde werden auf dem langen Marsch viel Abwechslung und Freude erleben. Man darf auch nicht erschrecken, wenn plötzlich Gemsen den Weg kreuzen und schrille Murmeltierpfiffe von den Felsen widerhallen.

Abzweigungen
a) Homatta–Egga 1 Std.–Simplon Dorf 🚌 1 Std. 30 Min.
b) Hobiele–Simplon Dorf 🚌 1 Std. 20 Min.
c) Alpje/Egga–Schwarzbede–Schwarzi Balma–Corwetsch 2 Std. 30 Min.
d) Corwetsch–Cima–Bruciata–Ramserna–Gondo 🚌 2 Std. 30 Min.

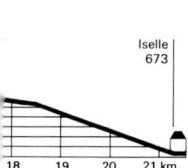

Iselle
673

18   19   20   21 km

▶ Das schmucke Steinhuhn hat seine Hauptverbreitung in Italien und auf dem Balkan, kommt aber in der Schweiz noch in den Alpen und Voralpen vor, wo es mit Felsen durchsetztes, stärker gegliedertes Gelände meist zwischen 900 und 2700 m Höhe bevorzugt.

12 Simplon Dorf–Rossbodestafel–Griesserna–Simplon Dorf

Sehr interessante Wanderung ins Bergsturzgebiet von Egga und auf die Alpen am Fusse des Fletschhorns.

Route	Höhe in m	Hinweg	Rückweg
Simplon Dorf 🚌	1472	–	5 Std. 30 Min.
Egga 🚌	1588	30 Min.	5 Std. 10 Min.
Rossbodestafel	1922	1 Std. 30 Min.	4 Std. 40 Min.
Griesserna	2270	2 Std. 45 Min.	3 Std. 50 Min.
Rossbodealp	2000	3 Std. 15 Min.	3 Std.
Galu	2297	4 Std.	2 Std. 30 Min.
Egga 🚌	1588	5 Std.	30 Min.
Simplon Dorf 🚌	1472	5 Std. 20 Min.	–

Wir verlassen *Simplon Dorf* (S.137) auf der Strasse gegen Norden und gelangen nach 200 m in ein Blockmeer. Es sind Reste eines gewaltigen Bergsturzes, der sich am 19. März 1901 um 5.30 Uhr ereignete. Ein Teil des Rossbodegletschers löste sich samt seinem Felsensockel und stürzte herunter, ungefähr 800 000 m³ Eis, Schnee und Geröll mitreissend. Der ganze Talgrund wurde etwa 100 m hoch überschüttet. Bei dieser Katastrophe wurden 27 Häuser zerstört sowie zwei Menschen und 50 Stück Vieh getötet.

Unser Weg verlässt den Weiler *Egga* und steigt zu der Hüttengruppe von *Rossbodestafel* empor. Ein Pfad führt über die Alp weiter, zieht sich durch Felsen schräg hinauf und stösst auf die Terrasse von *Griesserna* hinaus. Bei Pt. 2270 bietet sich uns eine wundervolle Aussicht. Vor uns erscheint der Hängegletscher von Griesserna. Links oben erhebt sich das Fletschhorn und ihm vorgelagert der zerklüftete Rossbodegletscher.

Beim Abstieg überschreitet man die *Rossbodealp* in nördlicher Richtung,

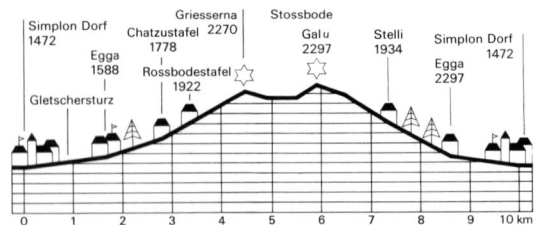

um auf einen Fussweg zu stossen, der rechts von den Hütten von Rossbodestafel heraufführt. Er steigt über Stossbode gegen den Grat empor und führt
in das hügelige Gelände von *Galu,* wo er sich wieder verliert. Man findet ihn
aber am Fusse des Hanges am rechten Ufer eines Baches wieder, den man
quert, um zu den Hütten von Stelli zu gelangen. Von dort geht es über einen
steilen Hang hinab über Chnubla nach *Egga* und *Simplon Dorf.*

Abzweigung
Rossbodestafel–Chatzustafel–Liegje–Simplon Dorf 🚌 1 Std. 30 Min.

13   Simplon Dorf–Antonius–
Laggin Biwak

Sehr schöne Wanderung zu den Hängen des Fletschhorns und Laggin-
horns.

Route	Höhe in m	Hinweg	Rückweg
Simplon Dorf 🚌	1472	–	2 Std. 30 Min.
Bärefad/Antonius	2059	2 Std.	1 Std.
Laggin Biwak SAC	2746	3 Std. 30 Min.	–

Diese Wanderung vermittelt einen guten Überblick über die Gegend von
Simplon Dorf; sie führt jedoch über abschüssige und felsige Hänge. Der
Pfad ist in sehr gutem Zustand und in seiner ganzen Länge auf der Landes-
karte eingezeichnet; es braucht jedoch geübte Berggänger, um ihm zu folgen. Es besteht die Möglichkeit, in Simplon Dorf einen Führer zu nehmen.
Der Pfad steigt oberhalb von *Simplon Dorf* (S. 137) in südlicher Richtung
durch die Wiesen hinauf. Unterhalb des Waldes quert er den Lawinenzug
von Lauigrabe, führt zu den ersten Hütten von Weng empor und zieht sich
ebenhin bis zu den Hütten bei Pt. 1635. Der Aufstieg setzt sich über einen
kahlen Hang fort. Der Pfad schlängelt sich durch Felsen hindurch und er-

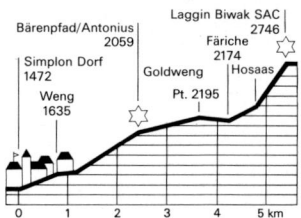

reicht *Bärefad* und *Antonius* (2059 m). Über Goldweng gelangen wir zu den
Ruinen der einstigen Hütten von Färicha. Oberhalb derselben setzt schliess-
lich der Pfad über die letzten zwei Kilometer zu einer ruppigen Steigung
durch Geröll und Moränenschutt an und endet bei *Laggin Biwak.*
Man steht hoch über dem Laggintal und den Schluchten von Gondo, blickt
auf den linken Hang des Simplontales mit Monte Leone und Breithorn und
befindet sich in einem Umkreis von Bergen und Gletschern: Fletschhorn mit
Sibiluflue- und Holutriftgletscher, Lagginhorn und Weissmies mit ihren
Gletschern sowie Tällihorn.
Der Abstieg vollzieht sich auf dem gleichen Weg.

14   Simplon Dorf–Laggintal
        Bidemji/Hütte

Kurze und leichte Wanderung ins wilde Laggintal mit seinem wunderbaren
Kranz von Gipfeln und Gletschern.

Route	Höhe in m	Hinweg	Rückweg
Simplon Dorf 🚌	1472	–	2 Std.
Alte Stafel	1566	1 Std. 15 Min.	1 Std.
Bidemji/Hütte	1989	2 Std. 45 Min.	–

Von *Simplon Dorf* (S. 137) oder Gabi aus verlässt man die Strasse etwa
200 m oberhalb der grossen Schlaufe und folgt dem Weg, der auf der linken
Seite des Baches in das Laggintal eindringt. Er zieht sich über Wiesenhänge
mit Holzhäuschen und führt durch einen Wald zu den Hütten von Laggin.
Nach dem Überqueren des Bergbaches gelangt man bald nach *Alte Stafel,*
der Hauptalp des Tälchens. Dieser Kessel ist von wilder Schönheit, und die
Flora ist prächtig. Man findet dort die Rote Lilie und die Walliser Silene.
Nach Alte Stafel lichtet sich der Wald zu einem spärlichen Baumwuchs. Die

◀ **Ein Meisterwerk der
Brückenbauer: die neue
Ganterbrücke der N 9 am
Simplon. Auf sieben Pfei-
lern überspannt sie das
Gantertal mit einer Länge
von 678 m und einer Höhe
von 148 m in eleganter
Schlaufe.**

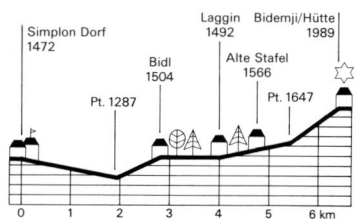

Gegend wird wilder und der Weg steiler. Je höher man aber steigt, desto
freier wird die Aussicht.
Nach 1 Std. 30 Min. erreicht man die kleine *Hütte von Bidemji,* die sich an
die Felsen anschmiegt. Für den mühsamen Aufstieg auf dem letzten Weg-
stück wird man durch eine überwältigende Aussicht entschädigt.
Das Tal ist von einem prächtigen Kranz hoher Gipfel umgeben: Tosenhorn,
Tällihorn, Weissmies, Lagginhorn und Fletschhorn, von wo der Tälli-,
Weissmies-, Laggin-, Holutrift- und Sibilifluegletscher herabfliessen.
Der Abstieg erfolgt auf der gleichen Route.

15 Simplon Dorf–Furggu–
Zwischbergen–Gondo

Lohnende Wanderung auf die Höhen von Furggu mit prächtiger Aussicht, durch
das abgelegene Grenztal von Zwischbergen und zum Grenzdorf Gondo.

Route	Höhe in m	Hinweg	Rückweg
Simplon Dorf 🚌	1472	–	6 Std. 50 Min.
Furggu	1872	2 Std.	5 Std. 50 Min.
Gmeinalp	1851	4 Std.	4 Std.
Zwischbergen	1359	5 Std. 20 Min.	2 Std.
Gondo 🚌	855	7 Std.	–

Man folgt der Strasse, welche von *Simplon Dorf* (S. 137) aus in südlicher
Richtung abwärts führt. Nach 2,5 km verlässt man sie bei der grossen
Schlaufe, überquert den Lagginbach und stösst auf den Weg, der von Gabi
herkommt und über Feerberg ansteigt. Man kommt an einer kleinen, ein-
zigartigen Kapelle vorbei und erreicht in 2 Std. die *Furggu.* Das ganze
Zwischbergental wird sichtbar. Es ist mit einem Gemisch von Lärchen,
Weisstannen und sogar Buchen bestanden. Diese ausgedehnten Wälder

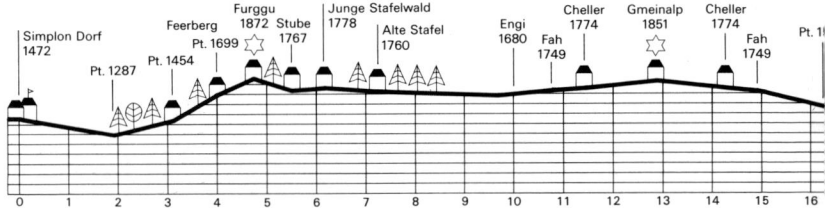

sind prächtig und wenig genutzt. Der Unterschied zu den Wäldern der Gemeinde Simplon ist auffallend.
Ein guter Alpweg setzt sich am Hang des Zwischbergentales gegen Süden über Junge Stafelwald-Feiwald bis zu Pt. 1562 fort, wo in gleicher Richtung ein Fussweg bei Pt. 1685 weiterführt. Hier wandern wir talaufwärts über die Schuttebene von Bidemji mit den Hütten von Cheller nach der *Gmeinalp*. Der Talkessel, überragt von Weissmies, Portjengrat und Zwischbergengletscher, ist grossartig. Talwärts, am rechten Hang, liegen die höher gelegenen Kessel von Pontimia und Tschawina mit ihren zahlreichen Seen von auserlesener Pracht.
Der oberste Teil des *Zwischbergentales* (S. 126) weist eine überaus reiche Flora auf, die noch unerforscht ist. Die gesamte Flora des Simplon-Südhanges ist von besonderem Interesse, weil das Gebiet seiner Südlage wegen ein feuchteres Klima besitzt als das Rhonetal.
Zum Abstieg nach Gondo wählen wir den Weg längs des Flusses an den Weilern Bord, Sera (Stausee), Pianeza, Bällegga und Geri vorbei. Man kann sich kaum satt sehen an der Fülle des glasklaren Wassers, das in einer langen Reihe prächtiger Fälle zu Tal stürzt. Bei Hof erblickt man die Ruinen der Gebäude, welche an die Ausbeutung der hoch in den südlichen Felsen gelegenen Goldminen erinnern, die zur Zeit Kaspar Stockalpers berühmt waren.
Das Tal verengt sich; wir stehen vor der Talstufe, die nach *Gondo* (S. 126) abfällt. Das Dorf liegt in einer engen Felsschlucht. Als Zollstation an der im Sommer sehr belebten Simplonstrasse weist es einen bedeutenden Verkehr auf.

Abzweigungen
a) Furggu–Seehorn 2 Std.
b) Gmeinalp–Zwischbergenpass 5 Std. – Saas Almagell ▭ 8 Std.
c) Bidemji–Alpe Porcareccia 1 Std.
d) Zwischbergen–Monscera-Pass 2 Std. 45 Min.
e) Hof–Biel–Tannegga 1 Std.

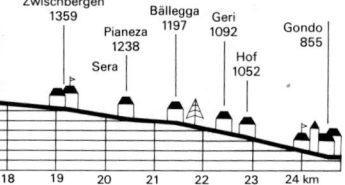

▶ **Über 1500 Schafe weiden im Sommer im Gebiet der Driest- und Tällihütte. Zur Schafscheid wird die ganze Herde am 1. September zurück auf die Belalp gebracht.**

16 Blatten–Riederfurka– Riederalp

Angenehme Waldwanderung zum Stausee Gebidem, Überquerung der 120 m hohen Staumauer und steiler Aufstieg an der Alp Nessul vorbei zur Riederfurka. Der See hat ein nutzbares Stauvolumen von 8 Millionen Kubikmeter.

Route	Höhe in m	Hinweg	Rückweg
Blatten 🚌 🚠	1327	–	2 Std. 30 Min.
Riederfurka	2065	3 Std.	30 Min.
Riederalp 🚠	1919	3 Std. 20 Min.	–

Östlich vom Postplatz *Blatten* (S. 118) beginnt ein alter Saumweg und führt durch eine Siedlung von Chalets. Nach ca. 5 Min. überquert man eine Strasse und gelangt in den Rischinerwald. Nach dem Wald tritt man auf eine geteerte Strasse, die zum Stausee Gebidem führt. Über eine geschlossene, problemlos überwindbare Stahltreppe gelangt man auf die Staumauer. Diese ist erst seit Herbst 1982 für Wanderer begehbar. Von hier geniesst man eine eindrückliche Aussicht auf den Stausee und in die Massaschlucht. Nach dem Überqueren der Staumauer steigt man über eine Stahltreppe hoch, wo sich der Wanderweg teils durch dichten Wald, teils durch einen mit Felsen durchsetzten Hang fortsetzt. Bald trifft man auf den Weg, der weiter unten über die Gebidumbrücke führt. Der anstrengende Aufstieg wird belohnt durch die herrliche Landschaft des Aletschwaldes mit Sicht auf die Fusshörner und den Driestgletscher. An der Alpe Nessul vorbei gelangen wir bald auf die *Riederfurka.* Nach einer kurzen Rast erreichen wir auf einem breiten Weg die unter uns liegende *Riederalp* (S. 134).

Abzweigungen
a) Rischinerwald–Burgen 1 Std.
b) Rotbrüch–Knebelbrücke–Oberried–Ried/Mörel 🚠 1 Std. 30 Min.
c) Auf Riederfurka und Riederalp 🚠 🏔 (Routen 17, 21, 24, 25–28).

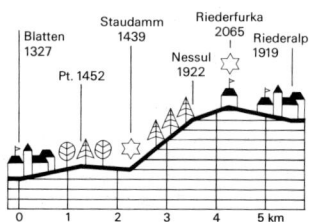

17 Belalp–Aletschgletscher–Riederalp

Recht anforderungsreiche Wanderung (nur mit Bergführer) mit Überquerung des Grossen Aletschgletschers. Der Weg über den Gletscher ist
nicht markiert. Die Verkehrsvereine Belalp und Riederalp organisieren jede
Woche geführte Gletscherwanderungen.

Route	Höhe in m	Hinweg	Rückweg
Belalp 🚡	2094	–	6 Std. 20 Min.
Hotel Belalp	2130	20 Min.	6 Std.
Oberaletschgletscher	2200	2 Std.	4 Std. 15 Min.
Tällihütte	1949	2 Std. 45 Min.	3 Std. 15 Min.
Grosser Aletschgletscher	1900	3 Std. 30 Min.	1 Std. 35 Min.
Riederfurka	2065	5 Std. 30 Min.	35 Min.
Riederalp 🚡	1919	6 Std.	–

Mit der Luftseilbahn gelangt man auf die luftige Höhe der *Belalp* (S. 113),
wo man eine einzigartige Rundsicht auf die Mischabelgruppe geniesst. In
der Tiefe erblickt man die Täler der Massa und der Rhone. In 20 Min. erreicht
man das alte, ehrwürdige *Hotel Belalp* aus dem Jahre 1858, wo jeder Naturfreund vom einzigartigen Blick auf den Grossen Aletschgletscher (S. 111)
und die Fusshörner beglückt ist.
Nach kurzem Abstieg wandern wir auf dem Weg zur Oberaletschhütte bei
Pt. 1971 an der Abzweigung zum Aletschji vorbei. Besonders auf diesem
Wegstück freuen wir uns an der prächtigen und vielseitigen Flora bis hinauf
zum *Oberaletschgletscher.*
Vor uns öffnet sich die steil abfallende Gletscherschlucht, die auf einem gut
erhaltenen Weg und auf einer kleinen Brücke direkt an der Zunge des Gletschers bequem überschritten werden kann. Nach dem kurzen steilen Aufstieg über einen Felsweg gelangt man zur Abzweigung Driesthütte. Wir
folgen dem gut angelegten Weg weiter bis zum Scheitel der Moräne. Von
dort erblickt man den Aletschgletscher, den Aletschwald und die Tällihütte,

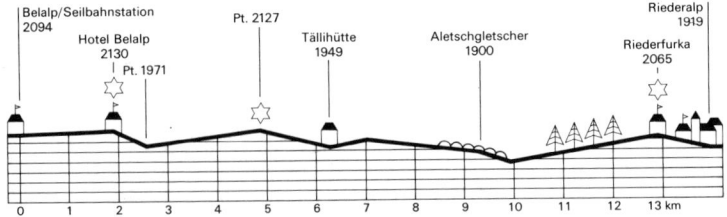

Blick vom Aletschwald auf den längsten Gletscher der Alpen. Der unter Naturschutz stehende Wald hat einen grossen Arven- und Lärchenbestand. Im Hintergrund (Mitte) die Wannenhörner.

das nächste Ziel. Der Weg führt über die Moräne hinunter, einem sprudelnden Bach entlang. In Kürze erreichen wir die alte Schäferhütte, *Tällihütte* genannt, die sich als geeigneter Rastplatz anbietet (in der Nähe zwei Erdpyramiden). Der kurz darauf folgende Driestbach kann bequem überquert werden, ebenso die durch Drahtseile gesicherte kleine Schlucht.

Über Weiden und Seitenmoränen hinunter gelangt man auf den *Grossen Aletschgletscher.* Wir steigen hinauf, entlang der Moräne und biegen dann rechts ab, wo wir den Gletscher auf ca. 1850 m zwischen einigen Gletscherspalten verlassen.

Nun folgt der Aufstieg zur *Riederfurka,* zuerst über Moränenschutt auf einem Weg im Lärchenwald und schliesslich im wunderbaren Arvenwald des Aletschreservats. Das letzte Teilstück durch den erfrischenden Aletschwald weckt neue Kräfte. Auf der Riederfurka verändert sich die Landschaft. Im Gegensatz zu Eis und Fels und einem Pflanzenwuchs, der einen harten Kampf ums Dasein führt, erscheint vor uns eine blumenreiche Hochebene. In wenigen Minuten erreichen wir die neue Siedlung der *Riederalp* (S. 134).

Abzweigungen
a) Pt. 1971–Oberaletsch–Grosser Aletschgletscher 45 Min.
b) Oberaletschgletscher–Oberaletschhütte SAC 1 Std. 30 Min.
c) Riederfurka–Staudamm Gebidum–Blatten 🚡 2 Std.
d) Auf Riederalp 🚡 🚶 (Routen 16, 21, 24–28).

18

Belalp–Oberaletsch-gletscher–Oberaletschhütte

Gletschertraversierung. Wanderung über den Oberaletschgletscher zur SAC-Oberaletschhütte.

Route	Höhe in m	Hinweg	Rückweg
Belalp ☖	2094	–	3 Std.
Hotel Belalp	2130	20 Min.	2 Std. 40 Min.
Oberaletschgletscher	2200	2 Std.	1 Std. 10 Min.
Oberaletschhütte SAC	2640	3 Std. 30 Min.	–

Nach 20 Min. gelangen wir von der Station *Belalp* (S. 113) auf dem schön angelegten Weg durch saftige Alpweiden zum einmaligen Aussichtspunkt Aletschbord beim *Hotel Belalp.* Links erblicken wir eine ehrwürdige Kapelle, die dem anglikanischen Ritus angehört. Im Hintergrund stechen die Zacken der Fusshörner in den tiefblauen Himmel. Weiter unten ruht der mächtige Strom des Aletschgletschers.

Der Weg schlängelt sich zuerst durch Felshänge hinunter in Richtung Grosser Aletschgletscher und steigt dann bei Pt. 1971 allmählich durch Grashänge gegen den *Oberaletschgletscher* an. Rechts unten erblicken wir die Hüttengruppe von Oberaletsch mit einer Kapelle. Bei der Abzweigung bei Pt. 2086 schlagen wir den Weg links gegen die Oberaletschhütte ein. Nach einem Aufstieg zieht sich dieser auf Geröll und Moränenschutt dem Oberaletschgletscher entlang. Bereits erblicken wir die Oberaletschhütte wie an einen Felsen geklebt über dem Gletscher. Das Eis ist unregelmässig und mit verschiedenen Mittelmoränen bedeckt, die das Abschmelzen verzögern und eine sehr unebene Oberfläche bilden. Man kann verschiedene Arten von Einflüssen auf das Abschmelzen des Eises beobachten: grosse Steine, die das Schmelzen verzögern und Gletschertische bilden; kleine vereinzelte Steine, die von der Sonne erwärmt werden und das Schmelzen fördern; jeder liegt auf dem Grunde eines kleinen Eistrichters. Anderseits wird das

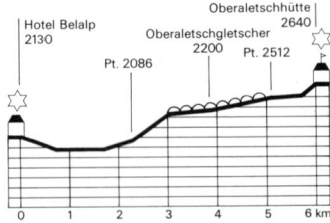

Schmelzen wieder verzögert durch die vielen kleinen Steine, die in Haufen aufeinanderliegen. Die grosse Menge des Moränenschuttes stammt vom Kranz der Felsen, welcher das weite Becken und Einzugsgebiet des Gletschers umgibt. Auf der linken Seite zeigen sich stolz das Sparrhorn und Nesthorn und weiter im Hintergrund erkennen wir den Aufstieg zum Beichpass. Der Oberaletschgletscher biegt dann rechts ab, wo wir über einen in den Felsen gehauenen Weg in den Einstieg zur *Oberaletschhütte* gelangen. Vor uns bäumt sich das Aletschhorn mit seinen 4195 m auf. Nach kurzem Aufstieg erreichen wir die ersehnte Clubhütte, inmitten einer einmaligen Gletscher- und Bergwelt.

Man kann Stunden auf ihrem Vorplatz verbringen, um diese Gletscher- und Gipfelwelt zu bewundern. Ein gewaltiger Eisstrom fliesst vom Aletschhorn, Sattelhorn und Geisshorn herab. Ein anderer, der Beichgletscher, vereinigt sich vor der Hütte mit ihm. Er wird von einer ganzen Reihe von Gletschern genährt, die vom Nesthorn, vom Breithorn, von den Lonzahörnern, vom Schinhorn und vom Weisshorn herabhängen. Alle diese Granitgipfel in goldenem Farbton stehen in erhabener Grösse vor uns. Die Stille und Einsamkeit dieser Landschaft sind überwältigend.

Abzweigungen
a) Pt. 1971–Oberaletsch–Grosser Aletschgletscher 45 Min.
b) Oberaletschgletscher–Grosser Aletschgletscher–Riederfurka
   3 Std. 30 Min. (Route 17).

▶ **Der Rucksack wird zur Versorgungszentrale unterwegs: Er kann von Kleidungsstücken über Nahrungsmittel bis zur Wanderliteratur und zu Utensilien für spezielle Interessen wie Bestimmungsbücher, Fotoausrüstung, Feldstecher usw. alles enthalten.**

19   Belalp–Sparrhorn

Aufstieg über Alpweiden mit vielfältiger Alpenflora zum Sparrhorn. Wunderschöne Aussicht auf den Grossen Aletschgletscher, die Südalpen und das Oberaletsch.

Route	Höhe in m	Hinweg	Rückweg
Belalp 🚡	2094	–	3 Std.
Hotel Belalp	2130	20 Min.	2 Std. 40 Min.
Villa Tyndall	2200	50 Min.	2 Std. 20 Min.
Sparrhorn	3020	3 Std. 30 Min.	–

Von der Station LBB *Belalp* (S. 113) führt der leicht ansteigende Weg zum *Hotel Belalp* am Aletschbord. Hier biegen wir nach links in den Weg zum Sparrhorn. Der Weg steigt hoch, vorbei an der Kapelle Lüsga und an der *Villa Tyndall* zum Tyndall-Denkmal. Dieses liess die Gemeinde Naters erstellen zu Ehren des weltberühmten irischen Physikers Tyndall, der 1868 eine Villa oberhalb des Hotels Belalp erbauen liess und dem während vieler Jahre Aufenthalt auf der Belalp bemerkenswerte Arbeiten gelangen. Das Tyndall-Denkmal auf dem Felsbuckel ehrt das Andenken dieses weltberühmten Gletscherforschers.
Der Pfad führt durch Weiden hinauf und bietet eine wunderbare Aussicht auf den Aletschgletscher. Auf 2271 m erreichen wir den Grat. Ohne weitere Schwierigkeiten gelangen wir auf den Gipfel des Sparrhorns. Das *Sparrhorn* ist ein Aussichtspunkt als vorderster Gipfel in der Reihe, die einen grossen Bogen um die Weidegebiete der Belalp bildet. An das Sparrhorn reihen sich Hohstock, Unterbächhorn, Grisighorn, Hofathhorn und der Grat der Belalp mit dem Foggenhorn.
Wie das Eggishorn auf den Grossen Aletschgletscher, so vermittelt das Sparrhorn einen umfassenden Überblick auf das gesamte Aletschgebiet mit Oberaletschgletscher, Fusshörnern und dem Grossen Aletschgletscher. Jenseits des Rhoneufers schliessen die hohen Gipfel der Täler von Saas und Zermatt den Horizont ab.

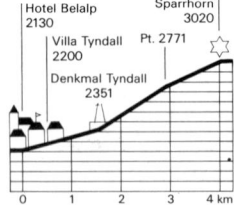

20 Belalp–Foggenhorn–Nessel–Belalp

Nach anstrengendem Aufstieg einzigartige, aussichtsreiche Gratwanderung zum Foggenhorn.

Route	Höhe in m	Hinweg	Rückweg
Belalp 🚡	2094	–	4 Std. 15 Min.
Bäll	2010	15 Min.	4 Std.
Foggenhorn	2569	2 Std.	2 Std. 15 Min.
Nessel	2010	3 Std.	1 Std. 15 Min.
Bäll	2010	4 Std.	15 Min.
Belalp 🚡	2094	4 Std. 15 Min.	–

Von der Seilbahnstation *Belalp* (S. 113) führt ein breiter Weg links zur *Alp Bäll*. Beim idyllischen Alpdorf zweigt der Weg vor der Bergkapelle rechts ab und führt über die ausgedehnte Kühmatte zu einem kleinen Steg. Nach dem Überqueren dieses Steges schlängelt sich der Weg hoch auf den Grat der Belalp. Die aussichtsreiche Höhenwanderung führt nun dem Grat entlang in südlicher Richtung zum *Foggenhorn* (2569 m). Auf der anderen Seite erkennen wir in der Tiefe das Gredetschtal. Vor uns überblicken wir die weiten Grashänge mit der Nesselalp und der Belalp. Auf der gegenüberliegenden Seite sind der Simplonpass, das Hübschhorn, das Wasenhorn und das Fletschhorn zu erkennen. Lässt man den Blick nach rechts schweifen, so kann man die Mischabelgruppe, das Matterhorn und rechts davon das Weisshorn bestaunen. Vom Foggenhorn können wir über die Grashänge in südlicher Richtung zur *Nesselalp* absteigen. Über einen sanften, flachen Pfad, immer mit Blick auf den Grossen Aletschgletscher und die Alp Bäll, kehren wir auf die *Belalp* zurück.

Abzweigungen
Nessel–Chittumatte–Naters/Brig 🚌 🚡 3 Std. 40 Min. (Route 6).

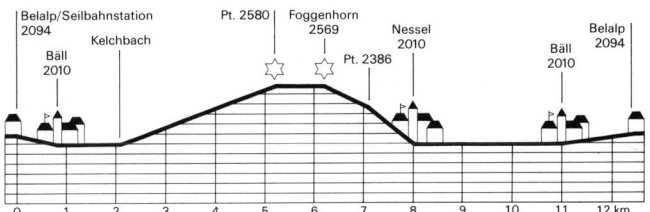

21 Mörel–Breiten–Ried/Mörel–Riederalp

Lohnender Aufstieg vom Rhonetal zur prächtigen Aussichtsterrasse der Riederalp.

Route	Höhe in m	Hinweg	Rückweg
Mörel 🚂	762	–	2 Std. 15 Min.
Breiten	900	15 Min.	2 Std.
Ried/Mörel 🚠	1175	1 Std. 30 Min.	1 Std. 30 Min.
Riederalp 🚠	1919	3 Std. 30 Min.	–

Die Riederalp kann auch mit der Luftseilbahn von Mörel aus erreicht werden. Eine zweite Luftseilbahn verbindet Mörel mit der Riederalp über Ried/Mörel.

Der Weg nach der Riederalp beginnt oben im Dorfe *Mörel* (S. 128) und durchquert den westlichen Teil des Badekurorts *Breiten*. Nach einer Schlaufe durch die Wiesen quert er den Wildbach des Grossgrabens und steigt auf den Kamm einer einstigen Moräne mit trockenem Boden, auf dem typische Pflanzen des mittleren Wallis wachsen. *Ried/Mörel* ist ein kleines Dorf am Hang, das eine eigene Pfarrei bildet. Von hier aus steigt man in westlicher Richtung durch Wiesen hinauf und gelangt bei Nieschbord auf das Hochplateau von Oberried. Eine prächtige Aussicht gegen das Binntal, das Bettlihorn, ins Simplongebiet und ins Rhonetal lädt zu einer kurzen Rast ein.

Auf 1530 m betritt man den Riederwald, den man in nördlicher Richtung zuerst auf einer Forststrasse und dann auf einem angenehmen Waldweg schräg durchquert, um bei 1840 m auf die Wiesen von *Riederalp* (S. 134) hinauszutreten.

Nach den teilweise steilen Hängen ist man angenehm überrascht, auf ein prächtiges Plateau zu gelangen, das bei Sommeranfang mit saftiggrünen, blumenreichen Wiesen aufwartet. Hier ist die Aussicht überwältigend. Von den Bergen des Binntals bis hin zum Matterhorn kann sich das Auge kaum

◀ **Villa Cassel am Eingang zum Aletschwald. Zuerst Sommerresidenz eines englischen Bankiers, dann Treffpunkt einer illustren Gesellschaft, war die Villa zeitweise ein Hotel. Hier wurde 1976 das erste Naturschutzzentrum der Schweiz eingerichtet.**

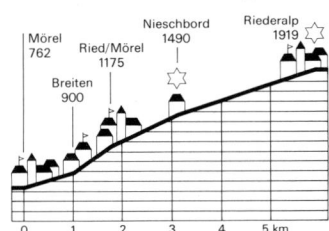

satt sehen. Maiensässe mit hübschen hölzernen Sennhütten zieren die Hochebene. Seit dem Bau der Luftseilbahnen in den fünfziger Jahren schossen zahlreiche Chalets und Gaststätten wie Pilze aus dem Boden. Eine der Muttergottes geweihte schöne Kapelle aus dem Jahre 1679 bildet einen eindrucksvollen Kontrast zu den braunen Häuschen. Sie besitzt einen Barockaltar, ein schmiedeeisernes Gitter und auf dem Chorbogen ein Kruzifix aus dem Jahre 1704, ein Schnitzwerk von Johann Ritz aus Selkingen.

Nebenrouten
a) Mörel–Greich–Riederalp 🚠 🔨 3 Std. 30 Min.
b) Mörel–Goppisberg–Golmenegg–Riederalp 🚠 🔨 4 Std.

Abzweigung
c) Ried oder Oberried–Bitsch–Massaboden 2 Std.

22   Mörel–Breiten–Betten–Lax

Leichte Wanderung durch typische Walliser Dörfer.

Route	Höhe in m	Hinweg	Rückweg
Mörel 🚆 🚠	762	–	4 Std. 50 Min.
Breiten	900	15 Min.	4 Std. 35 Min.
Greich 🚠	1361	1 Std. 45 Min.	3 Std. 50 Min.
Goppisberg	1355	2 Std. 20 Min.	3 Std. 25 Min.
Betten 🚠	1200	2 Std. 35 Min.	2 Std. 55 Min.
Martisberg	1348	3 Std. 30 Min.	1 Std. 10 Min.
Lax 🚆	1045	4 Std. 40 Min.	–

Die kleinen Gemeinden am rechtsseitigen Talhang, in einer Höhe von 1200 bis 1500 m zwischen Brig und der Stufe von Deisch gelegen, sind dem Touristen ziemlich unbekannt. Der Bau von Strassen in die Dörfer Goppis-

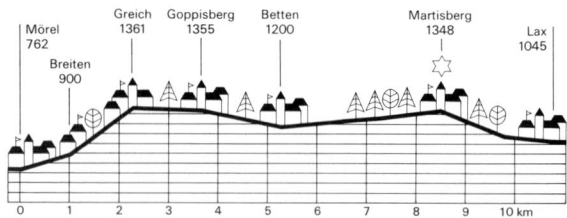

berg, Betten und Martisberg hat zwar eine zaghafte touristische Entwicklung gebracht, doch ist hier das Wallis der Vergangenheit noch gegenwärtig. Die Berghüttlein an den steilen Hängen sind heute noch bewohnt, obwohl der grösste Teil der Bevölkerung im Tourismus auf Rieder- und Bettmeralp beschäftigt ist.

Von *Mörel* (S. 128) nach Greich gelangt man mit der Luftseilbahn oder zu Fuss. Oben im Dorf Mörel schlägt man den Weg nach rechts ein und steigt zum Badekurort *Breiten* (Solbad und offenes Schwimmbad) empor. Vor Breiten wählt man den Weg geradeaus, biegt am Waldsaum nach links ab und steigt vorerst durch den Wald und dann durch Wiesen zum Dorf *Greich* empor. Es besitzt eine Kapelle aus dem Jahre 1616.

Von Greich aus zieht sich ein breiter Weg durch die Schlucht des Teiffe Bach nach *Goppisberg*. Hier steht die Kapelle St. Johann aus dem Jahre 1667.

Vom Dorfausgang geht es auf einer breiten Strasse durch ein Wäldchen, dann auf einer Flurstrasse durch Wiesen in das Dorf *Betten,* das durch Luftseilbahn und Strasse mit dem Tal verbunden ist. Die stattliche Pfarrkirche stammt aus dem Jahre 1911. Man gelangt nun in den alten Dorfteil von Betten, nach Egga, und bleibt auf dem Strässchen, welches zuerst durch Äcker und dann durch den Baderwald nach *Martisberg* führt. Die Kapelle St. Antonius aus dem Jahre 1950 lädt zu einer kurzen Rast ein. Der Ort hat sein einigen Jahren eine gutausgebaute Strasse vom Tale herauf.

Für den Abstieg wählen wir jedoch den alten Weg, der südwärts in steilen Kehren (alte Forststrasse) hinunter ins Äbnet führt. Von hier gelangen wir auf der Strasse oder auf Abkürzungen weiter nach Deischbach und auf einer Flurstrasse ins Dorf *Lax.*

Abzweigungen
a) Greich–Ried/Mörel 🚡 1 Std.
b) Greich–Greicheralp–Riederalp 🚡 1 Std. 45 Min.
c) Goppisberg–Golmenegg–Riederalp 🚡 🥾 2 Std.
d) Goppisberg–Halte–Mörel 🚡 1 Std.
e) Betten–Egga–Bettmeralp 🚡 🥾 2 Std. 15 Min.

▶ **Die Ringelnatter ist die in der Schweiz verbreitetste Schlangenart. Sie ist nicht giftig und nicht bissig. Scheu lebt sie in der Nähe von Wasser und schwimmt gut: Zwar ist sie punkto Beutetieren nicht wählerisch, frisst aber besonders gern Frösche und Fische.**

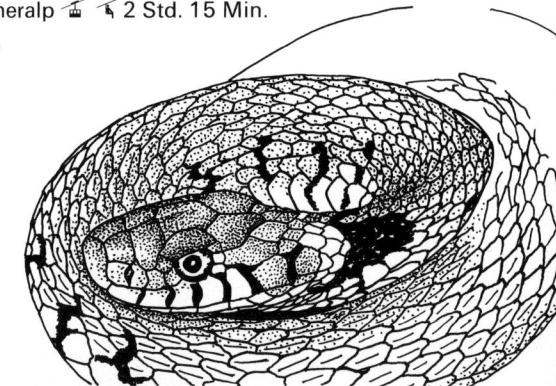

23

Ried/Mörel–
Burg Mangepan–Äbnet–
Zen Hohen Flühen–Mörel

Bequeme Wanderung am Südhang des Rhonetals und entlang dem Rotten
nach Mörel.

Route	Höhe in m	Hinweg	Rückweg
Ried/Mörel 🚡	1175	–	3 Std. 15 Min.
Burg Mangepan	1107	20 Min.	2 Std. 45 Min.
Äbnet	878	50 Min.	2 Std.
Zen Hohen Flühen	724	1 Std. 30 Min.	1 Std.
Mörel 🚌 🚡	762	2 Std. 30 Min.	–

Ausgangspunkt für unsere Wanderung ist das Bergdorf *Ried/Mörel*
(S. 128), welches von Mörel aus mit der Seilbahn, von Bitsch aus mit dem
Auto erreichbar ist.
Wir schlagen den Weg zur Kirche ein. Entlang der unteren Kirchenmauer und
am Friedhof vorbei finden wir leicht den gewählten Weg, der uns zuerst zur
ehemaligen *Burg Mangepan* führt. In dieser Burg, die heute kaum mehr
erkennbar ist, herrschten in alter Zeit die Vögte von Mörel. Mit Grauen und
Schrecken berichten Chroniken von diesen Tyrannen. Der grosse Hass ge-
gen die Herren von Mangepan führte jedoch im 14. Jh. zur endgültigen
Zerstörung der Burg.
Auf bequemem Pfad erreichen wir bald den Weiler Läubina. Bei der Abzweigung gehen wir geradeaus; der Weg nach links führt durchs Salzgäb
nach Mörel. Kurze Zeit später gelangen wir nach *Äbnet*. Hier begeben wir
uns auf die Strasse und wandern auf dieser ein Stück weit talwärts. Bei
Pt. 851 verlassen wir die Strasse und biegen nach links ab. Bei der Kapelle
Zen Hohen Flühen stossen wir auf die im Tal liegende Hauptstrasse des
Rhonetals. Die im Barockstil erbaute Kapelle ist von besonderer Bedeutung.

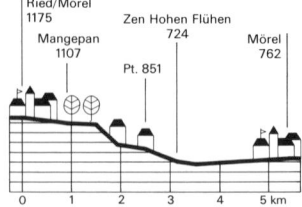

Blick von Hohfluh oberhalb Riederalp auf Driestgletscher, Fusshörner und Geissgrat. Die Fusshörner mit ihren 14 Zacken sind eine sehr anspruchsvolle Klettertour.

Sie wurde zwischen 1727 und 1734 erbaut und gilt als Tor des Barocks im Goms. Der Hauptaltar und die beiden Seitenaltäre sind das Werk von Anton Sigristen, einem namhaften Künstler der Barockzeit. Das Motiv des Hauptaltars stellt den Erlösungstod Jesu Christi dar. Die Kreuzabnahme fällt dabei vor allem ins Auge. Dieser Altar gehört zu den schönsten Arbeiten des Künstlers Sigristen. Leider wurden vor Jahren aus der Kapelle wertvolle Statuen der beiden Seitenaltäre entwendet. Seither ist die Kapelle geschlossen und für die Öffentlichkeit nur noch bei speziellen Anlässen zugänglich. Wir wandern nur etwa 150 m auf der Hauptstrasse in Richtung Brig. Bei der ersten Rechtskurve verlassen wir die Strasse und überqueren auf einer schmalen Brücke den Rotten (Rhone). Der Weg, den wir nun einschlagen, ist gut gekennzeichnet. Er verläuft über Obers Matt gegen Nordosten und überquert den Tunnetschgraben auf einem schmalen Brücklein. Schon bald kommen wir zum Sand, wo sich ein Fussballplatz und ein Vita-Parcours befinden.

Der Weg führt nun an zwei Wasserkraftwerken vorbei. Das erste wird vom Rhonewasser gespeist, das bei Fiesch gefasst wird, das zweite stammt vom Wasser der Massa aus dem Abfluss des Grossen Aletschgletschers. Die beiden Elektrizitätszentralen gehören bereits zum Dorf *Mörel,* das wir kurze Zeit später erreichen.

Abzweigungen
a) Eggelti–Mörel 🚠 45 Min.
b) Äbnet–Massaboden–Naters 🚠 🚌 1 Std.

24   Riederalp–Bettmeralp–
        Kühboden

Klassische Höhenwanderung über die schöne und weite Terrasse hoch über
dem Rhonetal mit schönstem Einblick in die herrliche Bergwelt.

Route	Höhe in m	Hinweg	Rückweg
Riederalp 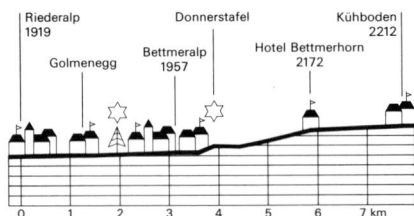	1919	–	2 Std. 10 Min.
Golmenegg	1905	20 Min.	1 Std. 50 Min.
Bettmeralp	1957	1 Std.	1 Std. 10 Min.
Hotel Bettmerhorn	2172	1 Std. 40 Min.	30 Min.
Kühboden	2212	2 Std. 10 Min.	–

Riederalp (S. 134) kann mit einer der 3 Luftseilbahnen von Mörel aus erreicht werden. Ein asphaltiertes Strässchen führt von der Bergstation über
Rieder-und Greicheralp nach *Golmenegg.* Von hier aus führt das Strässchen
durch Waldpartien und offenes Gelände nach *Bettmeralp* (S. 114), das heute zu den grösseren Ferienorten des Wallis zählt. Auf einem guten Weg
gelangen wir leicht ansteigend zum *Hotel Bettmerhorn* und auf gleicher
Höhe nach Laxeralp und *Kühboden,* der Mittelstation der Fiesch-Eggis-
horn-Bahn. Der Höhenunterschied beträgt 300 m bei einer Distanz von
8 km. Man befindet sich fast immer über der Waldgrenze.

Nebenroute

a) Auf Riederalp kann man auf einen reizvollen Weg am obern Rand der
   Geländeterrasse ausweichen, der in Salzgäb leicht ansteigt und später
   durch den Scheene Bodu (Goppisbergeralp) nordwärts am Bettmersee
   vorbeiführt. Einige hundert Meter vor dem Hotel Bettmerhorn mündet er
   wieder in den Hauptweg.

Abzweigungen

b) Golmenegg–Goppisberg–Mörel 🚌 🚠 2 Std. 30 Min.

25

Riederalp–Riederfurka–Aletschwald–Bettmersee–Riederalp

Leichte Wanderung durch den Aletschwald (S. 112), die sehr eindrücklich die Eigentümlichkeiten des Naturschutzgebietes zeigt.

Route	Höhe in m	Hinweg		Rückweg
Riederalp 🚠	1919	–		4 Std.
Riederfurka	2065		30 Min.	3 Std. 30 Min.
Blausee 🔭	2204	2 Std.		2 Std.
Bettmersee 🚠	2006	2 Std. 40 Min.		1 Std.
Riederalp 🚠	1919	3 Std. 40 Min.		–

Von *Riederalp* (S. 134) steigt man über Weiden zur *Riederfurka* hinauf, einem breiten und offenen, vom Aletschgletscher geformten Pass. Man erblickt von hier aus die Belalp, das vollständig mit Moränenschutt bedeckte unterste Ende des Oberaletschgletschers und den Driestgletscher in seiner Mulde, die von den Graten des Grossen Fusshorns und des Geisshorns gebildet wird.

Wir empfehlen, den von Touristen oft benützten Moränenpfad rechts liegenzulassen. Er vermittelt zwar eine schöne Gesamtansicht der Landschaft und des Naturschutzreservates, berührt dieses jedoch nur am Rand. Wählen wir den Weg Richtung Belalp! Er führt anfangs 500 m abwärts und zieht hernach nordostwärts ebenhin. Man erblickt eine in den Wald eingeschnittene Schneise, mit der seinerzeit ein grosser Waldbrand aufgehalten wurde, den unvorsichtige Touristen verursacht hatten. Man befindet sich mitten im Walde und erreicht bald eine Hochebene mit kleinen Torfmooren, deren Flora einzigartig ist. Die Mulden der Torfmoore wurden von den Gletschern in die undurchlässigen Felsen gegraben und behalten den ganzen Sommer über Wasser. Hier verlässt man den Weg, der zur Belalp führt und zum Glet-

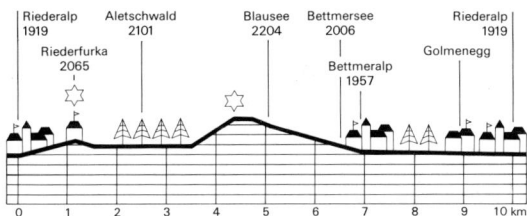

scher absteigt, und folgt einem kleinen Pfad nach rechts. Hierauf quert man die Mulde von Langmoos mit ihren schönen Weiden. Bevor die Steigung beginnt, durchstreifen wir einen prächtigen Arven- und Lärchenwald, der hier gegen die kalten Winde vom Gletscher her gut geschützt ist. Nach einigen Kehren bei Pt. 2053 und einer Rechtskurve bei Pt. 2101 bringt uns der Pfad zum Moränenweg zurück, den wir bei der Riederfurka verlassen haben.

Wir verlassen die Moräne sofort wieder und steigen steil gegen den Grat hinauf, der keine scharfe Kante, sondern einen breiten, hügeligen, rasenbewachsenen Rücken bildet. Diesen überqueren wir in südöstlicher Richtung. Bald erblicken wir einen idyllischen Bergsee, den *Blausee,* der mit einer Feuerstelle zu einer längeren Rast einlädt.

In der Ferne grüssen das Binntal, der Monte Leone, der weite Einschnitt des Simplonpasses, das Fletschorn, das Matterhorn und die erhabene Pyramide des Weisshorns.

Unser nächstes Ziel ist der *Bettmersee* (S. 115). Auf der Bettmeralp (S. 114) bewundern wir die reizende Kapelle auf der Moräne; sie stammt aus dem Jahre 1697. Von hier wandern wir auf einem angenehmen Strässchen nach *Riederalp* zurück.

Nebenroute
a) Auf der Riederfurka und bei der Villa Cassel über den Grat oder den Moränenweg durch den obersten Teil des Aletschwaldes zur Mossfluh 1 Std. 15 Min.

Abzweigungen
b) Spaziergang von der Riederfurka aus. Ein hübscher Weg führt um das Riederhorn herum. Schöne Aussicht auf das tiefeingeschnittene Massatal, auf die Gegend von Brig und das Goms 1 Std.

c) Von Blausee direkt nach Riederalp 🚠 🚶 50 Min.

d) Von Bettmeralp über Betten nach Mörel 🚡 🚠 2 Std. 30 Min.

e) Riederfurka–westliche Flanke des Riederhorns–Oberried–Bitsch 🚡 3 Std. 30 Min.

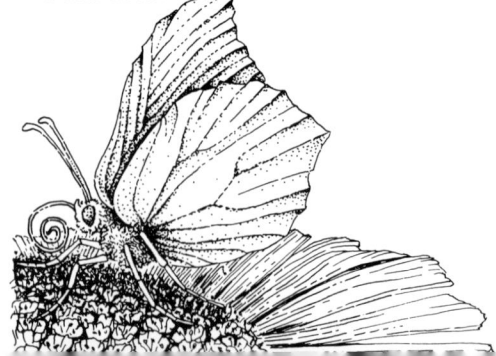

◀ **Der Zitronenfalter gehört zu den wenigen Schmetterlingsarten, die als Falter in der Winterstarre – im Gebüsch an Ästen hängend – den jahreszeitlich bedingten Temperaturanstieg abwarten. Andere Arten überdauern den Winter in der Regel nur als Puppen oder Raupen.**

26

Riederalp–Riederfurka–
Alte Stafel–Greichergrat–
Blausee–Riederalp

Abwechslungs- und lehrreiche Wanderung durch den Aletschwald und auf
der Jungmoräne des Aletschgletschers.

Route	Höhe in m	Hinweg	Rückweg
Riederalp 🚡	1919	–	3 Std. 50 Min.
Riederfurka 🏚	2065	30 Min.	3 Std. 30 Min.
Silbersand (Jungmoräne)	1928	1 Std. 10 Min.	2 Std. 40 Min.
Kalkofen	2050	1 Std. 50 Min.	2 Std. 10 Min.
Alte Stafel	2114	2 Std. 20 Min.	1 Std. 40 Min.
Greichergrat	2230	3 Std. 20 Min.	1 Std.
Blausee 🏚	2204	3 Std. 30 Min.	50 Min.
Riederalp 🚡	1919	4 Std. 10 Min.	–

Wir steigen von der *Riederalp* (S. 134) auf dem alten, in den letzten Jahren
ausgebauten Saumpfad zur *Riederfurka* empor. Bald nach der Riederfurka
verzweigt sich der Weg; wir lassen den Moränenweg und nach weiteren
500 m auch den Belalpweg ausser acht und folgen dem Weg, der stets tiefer
ins Reservat führt. Auf diesem alten Belalpweg stieg man früher zum Gletscher ab, um ihn dann hier zu traversieren und auf der andern Talseite zur
Belalp aufzusteigen. Eine Überquerung des Aletschgletschers im Zungen-
bereich ist heute nicht mehr möglich.
Bald stehen wir an einer weiteren Verzweigung. Wir wandern rechts weiter
an Lärchen und Arven vorbei, die zum Teil ein beträchtliches Alter aufweisen. Dazwischen stossen wir auf Überreste einer alten Wasserleitung.
Plötzlich bietet sich uns ein Bild, wie es sicher schon tausendfach auf Foto-
papier gebannt wurde. Der Blick fällt auf den riesigen Eisstrom, links und
rechts begrenzt von Fuss- und Olmenhorn bzw. von Bettmer- und Eggishorn und den Fiescherhörnern.

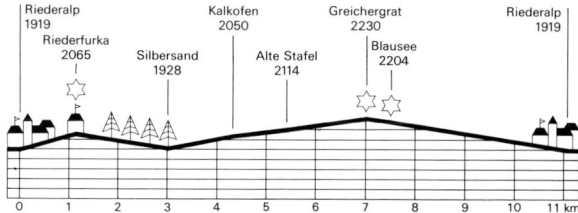

Wir betreten nun bei *Silbersand* (Pt. 1928) die *Jungmoräne*. Diese Seiten-moräne des Aletschgletschers datiert etwa aus dem Jahre 1850 und ist auf beiden Seiten des Gletschers als breite Schutthalde zu erkennen. Um jene Zeit erreichte der Gletscher den letzten Höchststand. In 135 Jahren schmolz also der mächtige Eisstrom um mehr als 100 m ab.

Auf dieser Jungmoräne wandern wir nun gegen Nordosten. Bei der Kreu-zung mit dem Belalpweg gehen wir geradeaus weiter und gelangen zum *Kalkofen*. Das aufmerksame Auge entdeckt bald eine runde Mauer aus Stei-nen, einen alten, ausgedienten Kalkofen, der in den letzten Jahren restauriert wurde. Hier wurde früher Kalk gebrannt, den man beim Bau von Häusern und Chalets verwendete. Dieser Kalkofen gab dem Gebiet später den Na-men.

Die Abzweigung beim Kalkofen, die zum Grat hinaufführt, lassen wir hinter uns und wandern in Richtung Chatzulecher. Bei der nächsten Weggabelung aber wählen wir den Pfad nach rechts, der in einem grossen Bogen durch den *Alten Stafel* hinauf zur Reservatsmauer führt. Von hier steigen wir über den *Greichergrat* weiter zum *Blausee* ab. Dazu wählen wir bei der Mauer den Weg, der nach Süden führt. Bald treffen wir auf den Weg, der vom Aletschwald herkommt.

Vom Blausee steigen wir über herrliche Alpweiden zur *Riederalp* ab. Hierfür gibt es verschiedene Möglichkeiten. Wir empfehlen den Weg über Scheene Bodu, Alpstallung Gopplerlücke, Schweibuflüe, Salzgäb, Golmu und Grei-cheralp.

Nebenrouten

a) Wenig unterhalb der Verzweigung bei Pt. 1990 hat der Wanderer die Möglichkeit, nach links abzubiegen und den Teiffe Wald als Ziel zu wäh-len. Hier ist der Wald sehr üppig und teilweise sehr dicht. Auf dem Rück-weg über Nessul (Pt. 1912) stösst der Naturfreund auf guterhaltene Mauern alter Wasserfuhren (S. 140). Der Verkehrsverein Riederalp und das Naturschutzzentrum haben ein kurzes Stück einer solchen Wasser-leitung im Herbst 1982 wiederhergestellt. Der Aufstieg zur Riederfurka ist identisch mit dem letzten Teil der Route 16 (Blatten–Staudamm–Rie-derfurka) 1½ Std.

b) Vor dem Teiffe Wald führt ein Weg hinunter zu einem alten Kalkbrenn-ofen und in nordöstlicher Richtung weiter zum Grünsee (bei Pt. 1614) in die Nähe der Gletscherzunge. Der Wanderweg zum Grünsee ist ein-malig schön, aber nur geübten Wanderern mit gutem Schuhwerk zu empfehlen.
Der Rückweg kann über Silbersand Pt. 1928 zur Riederfurka gewählt werden 3 Std.

27   Riederalp–Riederfurka–Oberried–Ried/Mörel

Reizvolle Wanderung entlang den alten Wasserfuhren, mit herrlichem Blick auf das Rhonetal und die Walliser Alpen.

Route	Höhe in m	Hinweg	Rückweg
Riederalp 🚡	1919	–	4 Std.
Riederfurka	2065	30 Min.	3 Std. 30 Min.
Knebelbrücken	1622	1 Std. 50 Min.	1 Std. 30 Min.
Oberried	1447	2 Std. 20 Min.	45 Min.
Ried/Mörel 🚡	1175	2 Std. 50 Min.	–

Über die ausgedehnten Alpweiden der *Riederalp* (S. 134) steigt man zur *Riederfurka* empor. Hier lohnt es sich, kurz innezuhalten und einen Blick auf die Belalp, den Oberaletschgletscher, den Driestgletscher und die Fusshörner zu werfen. Kurz nach der Reservatstafel auf der Riederfurka lassen wir den Weg in den Aletschwald beim Wegweiser rechts liegen und schlagen den Weg ein, der nach Blatten führt.
Nach einem zum Teil steilen Abstieg an der Voralp Nessul vorbei wählen wir im Rotbrüch den Weg, der nach links abzweigt, und wandern entlang einer alten Wasserfuhre (S. 140), der «Oberriederi». Wir befinden uns an «Heiligen Wassern», um den Romantitel von J. Ch. Heer zu zitieren. Auf den Spuren dieser alten Wasserleitung führt der Weg auf immer gleichbleibender Höhe ums Riederhorn zu den *Knebelbrücken*. Von den beim Bau benutzten Knebeln (Rundhölzern) leitet sich der Name her. Bei der nächsten Abzweigung gehen wir rechts weiter, durchstreifen den Weiler Täl und erreichen kurz darauf *Oberried,* wo die Kapelle zu einer Verschnaufpause einlädt. Von der Kapelle wandern wir 200 m in nordöstlicher Richtung weiter und biegen im rechten Winkel ab zum Weiler Wyde. Auf dem alten Saumweg steigen wir in 30 Min. ins Dorf *Ried/Mörel* ab. Dabei kreuzen wir mehrmals die asphaltierte Strasse.

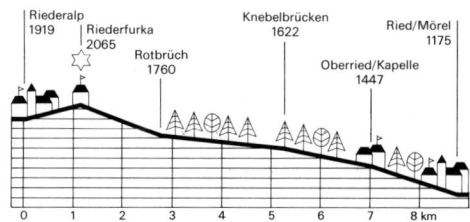

28   Bettmergrat–Greichergrat–Aletschwald–Riederfurka–Riederalp

Leichte Wanderung über Bettmer- und Greichergrat sowie den Moränen-weg mit herrlichem Blick auf den Grossen Aletschgletscher.

Route	Höhe in m	Hinweg	Rückweg
Bettmergrat 🚡	2643	–	2 Std. 30 Min.
Greichergrat/Biel	2292	45 Min.	1 Std. 30 Min.
Riederfurka	2065	1 Std. 30 Min.	30 Min.
Riederalp 🚡 🚠	1919	1 Std. 50 Min.	–

Dieser Weg wurde erst nach dem Bau der Gondelbahn auf den *Bettmergrat* eröffnet. Von der Bergstation führt der Wanderweg in westlicher Richtung nach Hohbalm (neben Pt. 2482). Über eine kleine Hochfläche und einige Geländestufen gelangen wir auf den *Greichergrat/Biel.*
Hier verlassen wir die Krete nordseits und wandern leicht abwärts auf dem Moränenweg. Bevor wir nach der Naturschutzmauer bei Pt. 2224 einen andern Weg kreuzen, legen wir eine Verschnaufpause ein. Der Gletscher liegt zum Greifen nahe, und westwärts wandert der Blick über den weiten Aletschwald (S. 112).
Mit jedem Schritt, den wir auf der Moräne der letzten grossen Eiszeit zurück-legen, wird der Baumbestand dichter, die einzelnen Stämme sind kräftiger und das Tierleben wird vielfältiger. Bis zum Pt. 2150 bildet die Moräne gleichsam die Waldgrenze.
Erst kurz vor der *Riederfurka* verlässt der klassische Wanderweg die Moräne. Vom Hotel Riederfurka führt ein breiter Weg hinunter zur *Riederalp* (S. 134).

Abzweigung
Greichergrat/Biel–Bettmeralp 🚡 🚠 45 Min.

◀ **Eine der eindrucks-vollsten Wanderungen der Alpen führt von der Riederfurka auf dem Mo-ränenweg durch den Aletschwald mit herrli-chem Ausblick auf den Grossen Aletschgletscher (Route 25).**

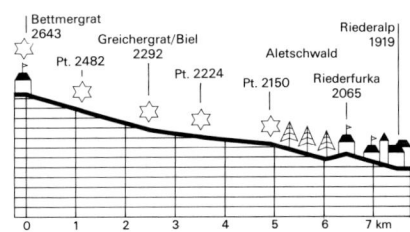

29 Bettmeralp–Greichergrat–Bettmerhorn

Bergwanderung für alle, die auf die Bequemlichkeit von Aufstiegshilfen verzichten möchten.

Route	Höhe in m	Hinweg	Rückweg
Bettmeralp 🚠 🎿	1957	–	2 Std.
Greichergrat/Biel	2298	1 Std.	1 Std. 15 Min.
Bettmergrat 🚠	2643	2 Std.	30 Min.
Bettmerhorn	2809	2 Std. 30 Min.	–

Vom Tennisplatz *Bettmeralp* (S.114) gelangen wir auf einem breiten Weg am Bettmersee vorbei zu den Alpstallungen. Von hier aus führt der Wanderweg zu einem alten Reservoir und dann steil nordwestwärts zum *Biel,* dem tiefsten Punkt des *Greichergrates.* Der Aufstieg ist ziemlich anstrengend, doch die Sicht auf den idyllischen Bettmersee und die Walliser Alpen ist reicher Lohn für die Mühe.
Vom Greichergrat aus geniesst der Wanderer bereits einen phantastischen Blick auf den Grossen Aletschgletscher. Nun folgen wir dem Gratweg, der vom Aletschwald zur Gondelbahn/Bergstation am Fusse des Gipfels führt. Nach einer Stärkung im Bergrestaurant steigen wir auf einem gutausgebauten Bergpfad in weiten Kehren aufs *Bettmerhorn.* Grossartig ist die Aussicht auf die Walliser Alpen, besonders auf den gewaltigen Eisstrom des Grossen Aletschgletschers und die umliegenden Gipfel der Berner Alpen.

Nebenroute
a) Bettmeralp–Schönboden–Hohbalm–Bettmerhorn 🚠 2 Std. 30 Min.

Abzweigung
b) Gondelbahn/Bergstation–Aletschwald–Riederfurka 2 Std.
c) Bergstation–Märjelensee 1 Std. 30 Min.

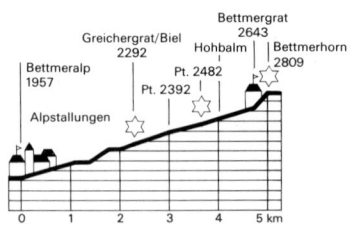

30   Bettmeralp–Greichergrat– Märjelen

Bergwanderung auf den aussichtsreichen Greichergrat und in die wilde Märjelenalp mit ständigem Blick auf den Grossen Aletschgletscher.

Route	Höhe in m	Hinweg	Rückweg
Bettmeralp 🚠	1957	–	3 Std.
Greichergrat/Biel	2292	1 Std.	2 Std.
Roti Chumma	2348	2 Std.	1 Std.
Märjelensee	2300	3 Std.	–

Von der Talstation der Gondelbahn wandern wir Richtung Bettmersee und rechts an diesem vorbei auf einem breiten Weg zu den Alpstallungen. Hier wendet sich der Weg nordwärts zu einem alten Reservoir und steigt steil an zum tiefsten Punkt auf dem *Greichergrat/Biel.* Nun führt der Pfad ostwärts teilweise auf alten Wasserleitungen. Vor dem Pt. 2315 lassen wir die Abzweigung nach Chatzulecher links liegen und schreiten in Richtung Uf de Setzu, wo der Weg von Bettmeralp/Hohbalm her einmündet.

Nun geht es leicht absteigend zum Wyssen Löub über das Grosse Gufer und leicht ansteigend zur *Roti Chumma* empor. Hier erreicht man den neuen Gletscherweg Aletsch, der vom Bettmergrat herkommt. Über diesen sehr gut ausgebauten Weg erreichen wir mühelos den *Märjelensee* (S. 127).

Dank seiner wunderbaren Lage, der hochalpinen Umgebung und der prächtigen Spiegelung der Eisberge in seinem Wasser bietet der Märjelensee ein wohl einmaliges Bild eigener Art, das an die Schönheit einer Polarlandschaft erinnert. – Bei Benützung der Gondelbahn auf den Bettmergrat kann der Anstieg auf den Greichergrat entfallen.

Abstieg
Für die Rückkehr ist auch der Weg über den Tälligrat (2610 m) oder über Unners Tälli nach Kühboden und Bettmeralp 🚠 🚡 zu empfehlen 3 Std.

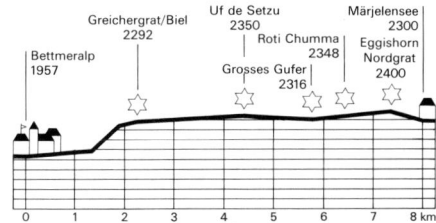

31 Bettmergrat–Märjelensee–Vordersee

Gletscherweg. Route hoch über dem Grossen Aletschgletscher.

Route	Höhe in m	Hinweg	Rückweg
Bettmergrat ⛟	2643	–	2 Std. 10 Min.
Roti Chumma	2348	1 Std.	50 Min.
Märjelensee	2300	1 Std. 30 Min.	10 Min.
Vordersee	2348	1 Std. 45 Min.	–

Ausgangspunkt für diese herrliche Wanderung hoch über dem Grossen
Aletschgletscher ist die Bergstation der Gondelbahn *Bettmergrat.* Gerne
verweilt hier der Wanderer einige Minuten und geniesst das eindrucksvolle
Panorama mit dem Rhonetal, den imposanten Viertausendern der Walliser
Alpen und dem Mont-Blanc, dem höchsten Berg der Alpen.
Von der Bergstation Bettmergrat aus erreicht man auf leicht abfallendem
Weg Pt. 2581, von wo aus man einen herrlichen Blick auf den Grossen
Aletschgletscher, das Aletschhorn, das Oberaarhorn, die Walliser Fiescher-
hörner, das Grosse Grünhorn und auf das Eggishorn hat. Nun geht es in
einigen Kehren über Steintreppen hinunter in die *Roti Chumma.* Man wan-
dert über Schafweiden, dann über einen in Felsen gehauenen, aber breit
ausgebauten Weg zur Gratkante, die sich vom Eggishorn zum *Märjelensee*
(S. 127) herunterzieht. Leicht absteigend erreichen wir nun den Märjelensee, dessen wilde Umgebung in ihrer Herbheit an eine Polarlandschaft erinnert. Vom Märjelensee gelangt man in 15 Min. zum *Vordersee,* wo eine neue
Berghütte steht, die von Juli bis Oktober geöffnet ist.

Abstieg
Für den Abstieg kann man die Route über den eigentlichen Märjelenweg
durch Unners Tälli oder über den Tälligrat (2610 m) nach Kühboden und
Bettmeralp ⛟ 🕊 wählen 3 Std.

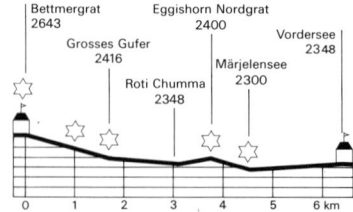

▶ **Der Märjelensee,
der teilweise durch die
Schmelzwasser des Gros-
sen Aletschgletschers
gespeist wird, erinnert
an eine Polarlandschaft
(Routen 30, 31, 36).**

32 Fiesch–Lax–Niederernen– Fiesch

Gemütliche, leichte und abwechslungsreiche Rundwanderung im Tal. Besonders geeignet für ältere Leute und mit Kindern.

Route	Höhe in m	Hinweg	Rückweg
Fiesch 🚐 🚡	1047	–	2 Std.
Wiler	1120	20 Min.	1 Std. 40 Min.
Lax 🚐	1039	1 Std.	1 Std.
Niederernen 🚡	1064	1 Std. 30 Min.	30 Min.
Fiesch 🚐 🚡	1047	2 Std.	–

Ausgangspunkt der Rundwanderung ist die Strassenkreuzung bei der Brücke mitten im Dorf *Fiesch* (S. 122). Der Weg führt in westlicher Richtung aus dem Dorf und steigt nach dem Durchgang unter der FO-Brücke leicht an gegen den alten Weiler Birchi, dem heute einige Dutzend neue Chalets vorgelagert sind.

Oberhalb der grossen Überbauung des Feriendorfes Fiesch erreicht man auf 1120 m bereits den höchsten Punkt der Wanderung, die alte Siedlung *Wiler*. Der Wanderweg schlängelt sich nun mitten durch die Wiesen Richtung *Lax,* fast auf gleicher Höhe bleibend. Man geniesst einen herrlichen Rundblick nach Nordosten zum Dorfe Bellwald (S. 114) hinauf, ostwärts über das ganze Gebiet von Mühlebach und Ernen und hinein ins Binntal, während am Horizont im Südwesten die schneebedeckte Pyramide des Weisshorns aufleuchtet. Der breite Wanderweg biegt in das weite Tobel des Alten Baches ein und erreicht nach wenigen hundert Metern sanften Anstiegs die Felder der Gemeinde Lax. Es geht bis zum Wendepunkt der Wanderung im Dorfe Lax leicht abwärts. Zuunterst im Dorf zweigt der Wanderweg auf der rechten Seite von der Furkastrasse ab und führt schräg den Hang entlang hinunter zur Rhone, die bei Z'Brigg überquert wird. Diese alte Siedlung, die schon zur Gemeinde Ernen gehört, ist mit 986 m Meereshöhe der tiefste Punkt der

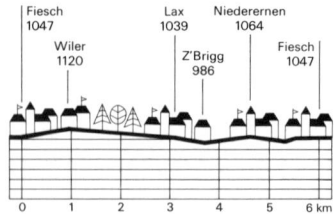

Wanderung. Hier steht die neue Zentralkäserei Goms, in der täglich 60 bis
70 Stück des weichen Gomser-Raclettekäses hergestellt werden.
Über die Fahrstrasse gelangt man in 10 Min. nach *Niederernen* (S. 131).
Beim obersten alten Haus zweigt der Wanderweg von der Strasse ab, durchquert den untersten Teil des Ernerfeldes (früher bekannt durch den prächtigen Bestand grosser Kirschbäume und die vielen Kornäcker) und senkt
sich hinunter zur Rhone. Rechts im Felshang befindet sich die Kraftwerk-
zentrale der Gommer Kraftwerke, und oberhalb der Brücke mündet das
Wysswasser in die Rhone. Der Weg steigt hinauf in die Furkastrasse, und auf
dem breiten Gehsteig erreicht man wieder das stattliche Dorf *Fiesch*.

33   Fiesch–Gibelegge–
         Fieschertal–Fiesch

Angenehme Rundwanderung durch Wald und Wiesen und dem Wysswasser entlang.

Route	Höhe in m	Hinweg	Rückweg
Fiesch 🚠 🚃 🚡	1047	–	2 Std. 15 Min.
Gibelegge	1258	50 Min.	1 Std. 30 Min.
Fieschertal 🚃	1108	1 Std. 30 Min.	45 Min.
Fiesch 🚠 🚃 🚡	1047	2 Std. 15 Min.	–

Die Wanderung beginnt beim Tierpark nahe der Talstation der Luftseilbahn.
Der Weg führt am Nordrand des Tierparks vorbei zur Bahnlinie der Fur-
kabahn und folgt noch einige Minuten dem Trassee der «Bregera», einer
alten Wasserfuhre (S. 140) aus dem Jahre 1642, die aber schon seit etlichen
Jahren nicht mehr fliesst. Vor dem St.-Antonius-Bildstöcklein zweigt der
Pfad rechts ab und steigt in wenigen Windungen hinauf auf die *Gibelegge.*
Ein zweiter Einstieg zur Gibelegge ist auch von den Fiescherkehren, dem

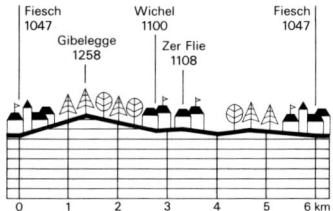

obersten Dorfteil, aus möglich. Es ist der einstige Saumpfad, der von Fiesch nach Bellwald führte und nun als beliebter Wanderweg ausgebaut ist.

Gibelegge nennt man den etwa 2 km langen Waldrücken zwischen dem Fieschertal und dem Rhonetal. Es ist die einstige linke Seitenmoräne des Fieschergletschers, der an dieser Stelle mächtig gegen das Rhonetal drückte. Das unterste Teilstück der Gibelegge ist sehr sonnig und trocken und weist einen prächtigen Föhrenbestand auf nebst einzelnen Lärchen, während am Weg Richtung Bellwald mehr Fichten vorkommen.

Der Weg führt gemächlich ansteigend den Wald hinauf bis zur Kurve der Fahrstrasse Fürgangen–Bellwald. Etwa 20 m vor dieser Kurve (auf 1258 m) biegt die Route gegen Norden leicht um. Noch eine ganze Weile wandert man durch den Wald, wobei der Weg nun leicht abwärts zieht. Man kommt an alten mächtigen Rottannen vorbei, trifft aber auch auf junge Birken, Haselnusssträucher, Espen, wilde Kirschbäume und anderes mehr. Auf der ganzen bisherigen Wanderung bis zum Austritt aus dem Wald ist ein Waldlehrpfad eingerichtet. Eine stattliche Zahl Bäume und Sträucher sind mit einer Nummer markiert. In einem Büchlein mit dem Titel «Waldpfad» kann man unter der betreffenden Nummer die wichtigsten Angaben über den erwähnten Baum oder Strauch nachlesen. Das Büchlein ist im Verkehrsbüro Fiesch erhältlich.

Nach dem Verlassen des Waldes wird der Blick frei auf die drei Weiler der Gemeinde *Fieschertal:* Wichel, Zer Flie und Wirbul, während mit markanter Kulisse das Kleine Wannehorn und das Finsteraarhorn den Abschluss des Tales im Norden bilden.

Die Häusergruppe Zer Flie ist der Hauptweiler des Tales mit Hotel/Restaurant, Einkaufsladen, Sennerei sowie Schulhaus mit Gemeindekanzlei. Vom Dorfplatz wenden wir uns westwärts hinüber zum Wysswasser und spazieren dem linken Ufer entlang Richtung Fiesch. Nach 10 Min. erreicht man den Steg, der auf die rechte Talseite führt. Auf dem alten Kirchweg, über den Generationen von Fieschertalern ihre lebensnotwendigen Waren im Rückenkorb oder auf dem Räf von Fiesch hineintrugen, auf welchem sie auch ihr Vieh zu Markte brachten und auf dem im Lauf der Jahre Hunderte auswanderten in die Fremde, gelangt man mühelos zum Dorfe *Fiesch* (S. 122) zurück.

Abzweigung
Gibelegge Pt. 1258–Fürgangen 🚐 🚡 20 Min.

▸   **Der Mäusebussard ist einer unserer grossen einheimischen Greifvögel. Er versteht es ausgezeichnet, sich ohne einen Flügelschlag in aufsteigender Luftströmung gen Himmel zu schrauben. Am Flugbild ist er gut zu erkennen.**

34 Fiesch–Bellwald– Niederwald

Angenehme Wanderung zur sonnigen Höhenterrasse von Bellwald. Bellwald kann man auch mit einer Luftseilbahn erreichen, die von der Haltestelle der Furka-Oberalp-Bahn hinauf ins Dorf führt.

Route	Höhe in m	Hinweg	Rückweg
Fiesch 🚃 🚌 🚠	1047	–	2 Std. 30 Min.
Bellwald 🚠	1559	1 Std. 30 Min.	1 Std. 25 Min.
Wilera	1595	1 Std. 50 Min.	1 Std. 10 Min.
Niederwald 🚃	1251	2 Std. 40 Min.	–

Der Aufstieg zu Fuss nach Bellwald ist sehr schön und lohnend. Man folgt der Strasse oberhalb *Fiesch* (S.122) oder auch den Abkürzungen und schlägt kurz nach der dritten Schlaufe einen Weg nach links ein, der die Bahnlinie quert und in den Wald aufsteigt. Er zieht sich über den bewaldeten Kamm einer gewaltigen ehemaligen linken Seitenmoräne des Fieschergletschers. Am Ausgang des Waldes steht die St.-Anna-Kapelle aus dem Jahre 1659. Hinter der Kapelle zweigt der Weg nach rechts ab und steigt durch den Wald und dann durch Wiesen hinauf zum Dorfe *Bellwald* (S.114). Von hier schweift der Blick hinüber nach Kühboden/Eggishorn, nach Fiesch und Lax hinab und hinüber nach Ernen. Das Dorf Bellwald steht nämlich im Mittelpunkt eines weiten Gebietes von Wiesen und Feldern auf einer Kuppe, die das ganze Goms überragt. In den zahlreichen Chalets rings um das Dorf suchen heute im Sommer und im Winter viele Feriengäste Erholung.

Oberhalb der Ortschaft setzt man den Anstieg auf dem Gommer Höhenweg (Route 46) fort und gelangt bald auf die Hochebene von *Wilera*. Hier wendet man sich ostwärts und erreicht über die Maiensässe Schlettere den Rand der Schlucht Schwarze Brunne. Zu Sommeranfang sind hier zahlreiche Vogelbeersträucher mit weissen Blüten zu bewundern. Vor der Schlucht nach rechts beginnt der Abstieg durch den Wald hinunter ins Dorf *Niederwald*

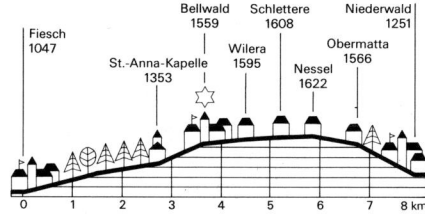

(S.132), eines der schönsten Gommer Dörfer. Eine Gedenktafel und das Grab auf dem kleinen Dorffriedhof erinnern an den weltbekannten Hotelier Cäsar Ritz.

Nebenroute
Anstatt von der St.-Anna-Kapelle direkt nach Bellwald aufzusteigen, kann man der Bergstrasse nach links folgen, die weiter über den Moränenkamm führt. Man erreicht den hübschen Weiler Bodma mit einer Barockkapelle aus dem Jahre 1722, die einen Altar aus der Werkstatt des bekannten Schnitzers Joh. Ritz enthält. Der Weg kann noch in nördlicher Richtung fortgesetzt werden bis zum Weiler Egga am Ende der Hochebene; dann geht es zurück durch den Weiler Ried ins Dorf Bellwald 🚡 1 Std. 10 Min.

35 Fiesch–Fieschertal– Fieschergletscher–Fiesch

Tagestour zur Gletscherzunge des 14 km langen Fieschergletschers. Schöne und abwechslungsreiche Wanderung ins wildromantische Fieschertal.

Route	Höhe in m	Hinweg		Rückweg
Fiesch 🚌 🚋 🚡	1047	–		2 Std. 30 Min.
Wirbul	1149		50 Min.	1 Std. 45 Min.
Titter	1576	2 Std.		45 Min.
Fieschergletscher	1782	3 Std.		–
Fiesch 🚌 🚋 🚡	1047	5 Std.		–

Das grosse und schöne Dorf *Fiesch* (S.122) liegt zu beiden Seiten des Wysswassers, des Abflusses des Fieschergletschers, und ist mit der Bahn oder auf der Strasse leicht erreichbar.
Ein guter Weg verlässt Fiesch in nördlicher Richtung und führt über eine

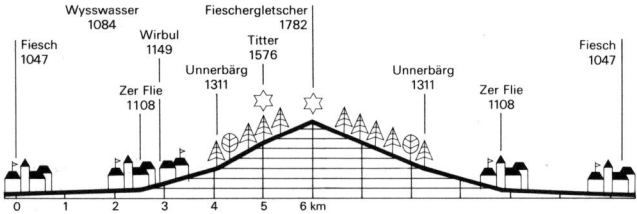

Talebene, die von Eschen und Ahornbäumen beschattet und von wilden Rosensträuchern gesäumt ist. Nach Überschreiten des Wysswassers gelangt man in der Nähe des Weilers Wichel und am Weiler Zer Flie vorbei. Das oberste Einzugsgebiet des Fieschergletschers ist etwa 15 km lang und liegt zwischen 4000 und 2800 m Höhe. Von dort dringt der Gletscher in ein ziemlich enges und gewundenes Tal ein, welches ihn zwingt, sich wie eine Schlange zu krümmen und in zahllosen Spalten zu brechen. In der Eiszeit stiess er in der Gegend des heutigen Fiesch mit dem Rhonegletscher zusammen, und er war es, der dank seiner grossen Eismasse sein Tal ausweitete. Nach seinem Rückzug entstand aus den Anschwemmungen des Wysswassers die Talebene.

Talaufwärts wird der Horizont von den hohen Granitwänden des Distelgrates und den strengen, von Kaminen durchfurchten Wänden des Wannenhorns abgeschlossen. Kurz nach dem Weiler Zer Flie (Zur Fluh) tauchen höckerige Felsen in der Ebene auf. Wir befinden uns nun im Weiler *Wirbul* mit seiner Kapelle aus dem 17. Jh.

Die Route führt über einen neuen Flurweg längs dem eingeengten Flussbett bis zur Brücke bei Pt. 1225 und steigt dann etwas mehr an bis zum Glingulsteg sowie hinüber in die Wiesen und Weiden von Unnerbärg. Der Weg zum Fieschergletscher steigt vom Unnerbärg vorerst durch schattigen Laubwald, später durch Tannen- und Lärchenwald zu den Voralpen *Titter* hinauf. Beim Signal Pt. 1547 geniesst der Wanderer einen prächtigen Ausblick über das gesamte Fieschertal und auf die erste Kette der Walliser Alpen. Das Tal verläuft genau von Norden nach Süden, und der sonnige Felsrücken des Titters erhebt sich mitten im hintersten Teil des Tales vor dem Fieschergletscher. Oberhalb der letzten Weiden nach einem kurzen Waldstück erreicht man bereits die Steinmoränen des *Fieschergletschers,* der in den letzten Jahren stark zurückgegangen ist. Vorbei an den alten Bergkristallklüften steigt der schmale Pfad zum höchsten Punkt der Wanderung (1782 m), und man steht nahe bei den grünblauen Spalten des Gletschers.

Abstieg

Der Abstieg verläuft zuerst in westlicher Richtung am Fusse der roten Felsen, an welchen sich übrigens die Kletterrouten der Bergsteigerschule Fiesch befinden, vereinigt sich dann mit dem Weg, der von der Alp Stock herunterführt, zieht dem Glingulwasser entlang talauswärts und mündet wieder in das Flursträsschen, welches für den Aufstieg benützt wurde. Beim Weiler Zer Flie betrit der Bergfreund wieder den Talboden und erreicht nach einer guten halben Stunde beschaulichen Wanderns das stattliche Dorf Fiesch. Die vier kleinen Weiler des Tales bilden die Gemeinde Fieschertal, die zum Kirchspiel Fiesch gehört.

36 Kühboden–Eggishorn–Märjelensee–Kühboden

Herrliche Bergwanderung zu einigen der eigenartigsten Naturschönheiten, dem Eggishorn mit seiner grandiosen Rundsicht sowie dem Märjelensee und dem Aletschgletscher, den Perlen der Schweizer Alpen.

Route	Höhe in m	Hinweg	Rückweg
Kühboden 🚡	2212	–	6 Std. 30 Min.
Eggishorn 🚡	2926	2 Std. 30 Min.	4 Std. 30 Min.
Tälligrat	2610	3 Std. 30 Min.	3 Std.
Märjelensee	2378	4 Std.	2 Std.
Kühboden 🚡	2212	6 Std.	–

Ausgangspunkt der Wanderung ist *Kühboden,* Mittelstation der Luftseilbahn Fiesch–Kühboden–Eggishorn. Nach 15 Min., beim Standort des ehemaligen Hotels Jungfrau, beginnt der Aufstieg.

Der Weg auf das *Eggishorn* ist ziemlich steil, vor allem im letzten Teil. Der Gipfel kann aber mit Leichtigkeit erstiegen werden. Er wird oft als Ziel für Schulreisen gewählt und ist ein sehr berühmter Aussichtspunkt. Zu unseren Füssen liegt der riesige Aletschgletscher, welcher von seinem Anfang beim Jungfraujoch bis zu seinem untersten Ende in der Massaschlucht auf einer Länge von 22 km zu überblicken ist. Gegenüber erheben sich Aletschhorn und Dreieckhorn, weiter entfernt Jungfrau, Mönch, Eiger und die zahlreichen Gipfel der Bergkette, die das Becken des Aletschgletschers von demjenigen des Fieschergletschers trennt. Im Süden erblicken wir die Gruppen von Ofenhorn, Monte Leone, Fletschhorn, Mischabel, Matterhorn und Weisshorn.

Es lohnt sich, zur Märjelenalp abzusteigen. Man folgt dem Eggishornweg vom Kiosk neben der Bergstation ca. 25 Min. abwärts. Dort führt der Pfad durch das Geröll und die Felsblöcke eines alten Bergsturzes hinüber zum *Tälligrat* und gemütlich hinunter zum vordern *Märjelensee* (S. 127).

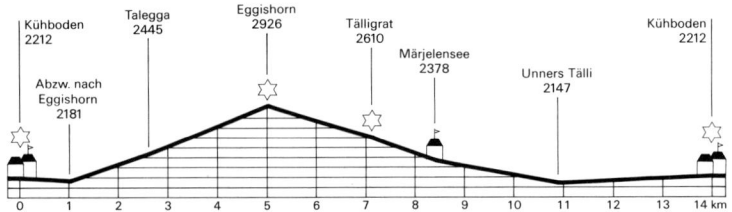

50 m östlich des Sees bei Pt. 2378 wählt man den «Herrenweg» zurück nach Kühboden. An der gleichen Stelle zweigt ein anderer Weg ab, der an den alten Alphütten von Märjelewang vorbei hinunter ins Fieschertal führt. Bei Pt. 2386, wo der Weg das Märjelentälchen verlässt und sich dem Abhang des Goms zuwendet, geniesst man einen wunderbaren Blick auf den untern Teil des Fieschergletschers. Sein Bett ist eng und stark gewunden, was unzählbare Spalten zur Folge hat.
Der Weg führt ein wenig abwärts und steigt alsdann unmerklich wieder gegen das ehemalige Hotel Jungfrau an. Diese Wanderung dem Hang entlang ist prachtvoll. Immer wieder schweift der Blick hinunter ins Rhonetal und hinüber zu den vielen Gipfeln der Walliser Alpen, bis der Ausgangspunkt *Kühboden* auftaucht.

Abstiege
a) Tälligrat Pt. 2610–Kühboden 🚡 1 Std.
b) Märjelental Pt. 2378–Märjelenwang–Alp Stock–Fieschertal 🚌 3 Std.
c) Ehemaliges Hotel Jungfrau oder Unners Tälli–Matt–Bärg–Fieschertal 🚌 1 Std. 50 Min. , nach Fiesch 🚌 🚡 🚠 2 Std. 30 Min.

◀ **Selbst Kennern der regionalen Faunenverhältnisse wird es kaum je vergönnt sein, einen der wiedereingebürgerten Luchse zu sehen. Ihre scheue Lebensweise und die enorme Grösse ihres Jagdreviers halten diese grösste europäische Wildkatze vor unseren Augen versteckt. So freuen wir uns als Wanderer allein schon am Wissen um ihre Existenz.**

▶ **Kapelle der hl. Familie in Mühlebach, dem Geburtsort von Kardinal Matthäus Schiner. Im Hintergrund die Wannenhörner (Route 39, 41).**

37   Grengiols–Twingi–Binn

Gemütliche Tageswanderung ins weltabgeschiedene Binntal.

Route	Höhe in m	Hinweg	Rückweg
Grengiols 🚂	891	–	2 Std. 20 Min.
Bächerhyschere	1037	35 Min.	1 Std. 55 Min.
Hockmatta	1198	1 Std. 20 Min.	1 Std. 20 Min.
Binn 🚌	1400	2 Std. 50 Min.	–

Geographisch bezeichnet *Grengiols* (S.126) den wirklichen Taleingang,
und von dort aus führt der alte Saumweg, dem wir folgen wollen. Er hat
seinen ganzen ursprünglichen Reiz bewahrt. Von der Station Grengiols
durchs Dorf hinauf gewinnt er unmerklich an Höhe, quert den Milibach,
führt am Weiler *Bächerhyschere* mit seiner Marienkapelle aus dem Jahre
1668 vorbei, schlängelt sich über Viertel und Ried durch satte Wiesen, überquert noch zwei Bergbäche und gelangt allmählich auf die hübsche Hochebene von *Hockmatta.* Am jenseitigen Talhang liegt das entzückende Dorf
Ausserbinn, welches zum Kirchspiel Ernen gehört, aber eine winzige selbständige Gemeinde bildet. Nun verengt sich das Tal, und man erblickt die
Kapelle von Blatt am Rande der Felsen. Sie gibt den Vorübergehenden zu
bedenken, dass der Berg nun gefährlich wird, und mahnt zum Anrufen des
göttlichen Schutzes. In der Tiefe der Schlucht braust die Binna. Im selben
Moment, da jeder Durchgang unmöglich erscheint, entdeckt man eine
schöne Steinbrücke mit kühnem Bogen, deren Entstehen nach der Überlieferung Karl dem Grossen zugeschrieben wird. Sie ermöglicht es, die Strasse am jenseitigen Hang zu erreichen. Man kann schöne Büsche von Walliser
Levkojen bewundern, eine sehr seltene Pflanze mit rosenroten Blüten, die
man in der Schweiz nur im Tal der Saltine und im Binntal findet. Die Binna
hat die eindrucksvollen Schluchten der Twingi durchschnitten. Überall beobachten wir sehr steile, des Pflanzenwuchses beraubte Felsenkamine; es
herrscht daher grosse Steinschlag- und Lawinengefahr. Im Winter darf man

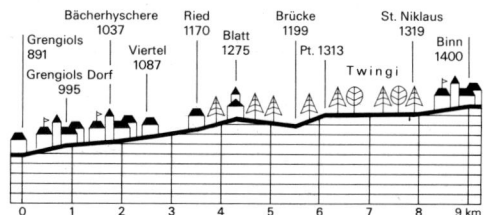

sich oft wochenlang nicht dorthin wagen. Die St.-Anna-Kapelle steht am Eingang und die St.-Niklaus-Kapelle am Ausgang der Twingi. Die bestehende Strasse musste der grossen Lawinengefahr wegen in einen Tunnel verlegt werden. Plötzlich öffnet sich das Tal. Gegenüber liegt der Weiler Zen Binnen (S. 117), dessen Holzhäuser sich eng um die weisse Kapelle drängen. Etwas entfernter thront das Kirchlein von Wilere auf einem grünen Hügel. Das schneeweisse Wasser der Binna empfängt uns mit einer Reihe kleiner Fälle und den typischen Strudelkesseln. – Entweder der Strasse entlang oder auf dem alten Weg von St. Niklaus über Zen Binnen erreichen wir das Dorf *Binn* (S. 115).

Abzweigungen
a) Viertel–Furgge–Sickerchäller–Heiligkreuz–Binn ▭ 5 Std. 50 Min. (Route 38).
b) Hockmatta–Wase–Ernen 🚶 1 Std.
c) Blatt–Ausserbinn–Binnegga–Ernen 🚶 1 Std. 15 Min.

38 Grengiols– Furgge (Breithorn)–Binn

Botanisch sehr lohnenswerte Wanderung zur Furgge. Dort besteht die Möglichkeit, das Breithorn zu ersteigen.

Route	Höhe in m	Hinweg	Rückweg
Grengiols 🚶	891	–	6 Std. 50 Min.
Bächerhyschere	1037	35 Min.	6 Std. 25 Min.
Viertel	1087	55 Min.	6 Std. 10 Min.
Furgge	2451	4 Std. 35 Min.	3 Std. 30 Min.
Heiligkreuz	1472	6 Std. 10 Min.	45 Min.
Binn ▭	1400	6 Std. 50 Min.	–

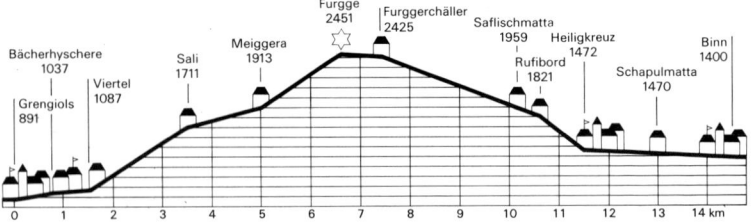

Von der Station *Grengiols* (S. 126) geht es auf einem kleinen Strässchen ins Dorf hinauf. Zuoberst im Dorfe schlägt man den breiten Weg ein, der bei der Kirche links emporführt. Er quert den Milibach und erreicht den Weiler *Bächerhyschere*, eine Gebäudegruppe mit Marienkirche aus dem Jahre 1668, die 1929 erneuert wurde. Anstatt den sehr steilen Pfad zu wählen, der direkt über Senggiwald nach Meiggera ansteigt, folgt man noch weiter dem breiten Weg durch die Matten von *Viertel* mit den zerstreut liegenden Häusern. Kurz nach Pt. 1087 schlägt man den Weg ein, der rechts zum Waldrand emporsteigt. Er wurde während des Zweiten Weltkriegs durch das Militär von Viertel bis zum Furggenpass erstellt. Der Weg tritt in den Gasiwald ein und führt in gleichmässigem Anstieg in verschiedenen Kehren zwischen dem Unnergrabe links und dem Löuwegrabe rechts immer durch den Wald empor. Auf 1700 m erreicht er Sali, eine kleine Wiese an diesem grossen bewaldeten Hang. Der Weg dringt erneut in den Wald ein, wo zwei bequeme Schlaufen seine Steilheit verringern, und quert hierauf kurz nacheinander zwei Lawinenzüge, bevor er zu den kleinen Hütten von Meiggera gelangt. Von hier aus klimmt ein Fussweg direkt in südlicher Richtung ohne Kehre den Hang empor zur *Furgge*.
Man kann aber die Passhöhe auch auf bequemem Weg in mehreren Kurven erreichen. Jenseits der Passhöhe senkt sich der Weg leicht gegen die Alp Furgge. Dieser Übergang zwischen Bättlihorn (2951 m) und Breithorn (2599 m) bietet eine wundervolle Aussicht auf das nahe gelegene Binntal und auf die Alpen des Goms.
Es lohnt sich, von der Passhöhe aus links über den Grat hinauf das Breithorn zu besteigen. Nebst dem Eggerhorn bietet dieser Gipfel die schönste Aussicht über das ganze Gebiet des Binntals und des Goms.
Der Abstieg in das Saflischtal vollzieht sich von Furggerchäller zuerst über die sanften Hänge der Furggenalp in östlicher Richtung über Schrota gegen die Weidkuppe von Pt. 2421. Plötzlich geht es sehr steil abwärts, und schon gelangt man auf die Saflischmatta hinunter. Dieser Maiensässhang ist mit reizvollen Hütten übersät. Der Abstieg könnte in nördlicher Richtung über Grummela–An der Matte nach Zen Binnen (S. 117) und dem Dorf Binn fortgesetzt werden. Es ist aber vorzuziehen, sich südwärts zu den Hütten von Rufibort zu wenden. Von dort erreicht man rasch *Heiligkreuz* (S. 116). Hier wählt man den Waldpfad über Schapulmatta, um ins Dorf *Binn* (S. 115) zu gelangen.

Abzweigungen
a) Furgge–Brunegge–Saflischpass 1 Std. 20 Min., nach Rosswald 🚠
   2 Std. 30 Min.
b) Furgge–Sickerchäller–Heiligkreuz 2 Std.

39

Grengiols–Ernen–Niederwald

Sehr schöne Wanderung nach Ernen, dem alten Zentrum des Goms, und nach Mühlebach, der Geburtsstätte von Kardinal Schiner.

Route	Höhe in m	Hinweg	Rückweg
Grengiols 🚂	891	–	3 Std. 30 Min.
Bächerhyschere	1037	35 Min.	3 Std. 05 Min.
Hockmatta	1198	1 Std. 20 Min.	2 Std. 20 Min.
Am Wasen	1257	1 Std. 45 Min.	1 Std. 55 Min.
Ernen 🚌	1195	2 Std. 15 Min.	1 Std. 25 Min.
Mühlebach	1248	2 Std. 40 Min.	1 Std. 05 Min.
Steinhaus	1269	3 Std. 10 Min.	35 Min.
Niederwald 🚂	1251	3 Std. 45 Min.	–

Um die Strasse zu meiden, wählen wir in *Grengiols* (S. 126) den alten Weg nach Binn. Er führt durch den Weiler *Bächerhyschere* mit der Marienkapelle aus dem Jahre 1668 und schlängelt sich dann durch satte Wiesen. In *Hockmatta* verlässt man ihn, um einem Pfad zu folgen, der 80 m absteigt, die Binna quert und durch die Matten von Binnachra wieder ansteigt. Dort wurden etwa 15 Gräber und verschiedene Gegenstände aus der Bronzezeit gefunden. Der Weg mündet in die Strasse ein, der man bis nach *Ernen* (S. 121) folgt. Es ist ein schönes Dorf, das stolz auf einer mit Moränen bedeckten Hochebene über den Schluchten der Rhone liegt.
Mit Wehmut verlässt man dieses schöne, der Landschaft harmonisch eingepasste Dorf, um über die Moränenhochebene weiterzuwandern. Links oben, auf einem kleinen Hügel, erheben sich Reste des ehemaligen Galgens. Es sind drei mächtige steinerne Säulen. Bald erreicht man *Mühlebach* (S. 130), dessen Kapelle aus dem Jahre 1676 auf einem Hügel steht und weithin sichtbar ist. Es ist ein kleines Dorf, der Geburtsort von Kardinal Schiner. Sein Geburtshaus trägt eine Erinnerungstafel. Nach 30 Min. ge-

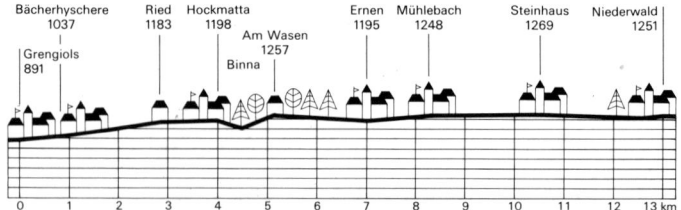

langt man in das Dörfchen *Steinhaus,* am Rande der tiefen Schlucht gelegen, durch welche der wilde Rufibach fliesst. Von dort weg wird die Landschaft sanfter. Die Erosionstätigkeit der Rhone zeigt sich in mächtigen Steil-
ufern bis nach Blitzingen. Das Dorf *Niederwald* (S. 132) liegt ziemlich weit
von der Rhone entfernt am Fusse des Berghanges, um vor dem Fluss gesi-
chert zu sein. Es wird jedoch von einer andern Gefahr bedroht, kauert es
doch unter einem bewaldeten Grat am Rande des grossen Schuttkegels von
Schwarze Brunne, einem gefährlichen Lawinenzug.

40 Ernen–Uf en Egga– Rappetal–Ernen

Aufstieg zu einem der modernsten Alpbetriebe.

Route	Höhe in m	Hinweg	Rückweg
Ernen 🚃	1195	–	5 Std.
Uf en Egga	1642	2 Std.	4 Std.
Alp Frid	1889	2 Std. 30 Min.	3 Std. 45 Min.
Abeweid (Rappetal)	1868	3 Std. 30 Min.	3 Std.
Ernen 🚃	1195	5 Std.	–

Man verlässt das Dorf *Ernen* (S. 121) in östlicher Richtung und folgt einem
Waldweg, der in den Ärnerwald führt und sich in Kehren den Steilhang
hinaufwindet. Auf halber Höhe gelangt man zu einer Kapelle (1512 m), die
ganz einsam im Walde steht. Wenn man den Wald verlässt, stösst man nach
Uf en Egga hinaus, einem schönen, runden, grasbewachsenen Bergrücken,
wo sich zahlreiche Hütten und Ställe befinden. Es sind die Maiensässe der
Bauern aus dem Tale, die mit ihrem Vieh einige Wochen vor dem Alpaufzug
und im Herbst vor der Rückkehr ins Tal hinab dorthin ziehen. Nun steigt der
Weg während 30 Min. allmählich durch die Wiesen hinauf zur *Alp Frid.* Dort

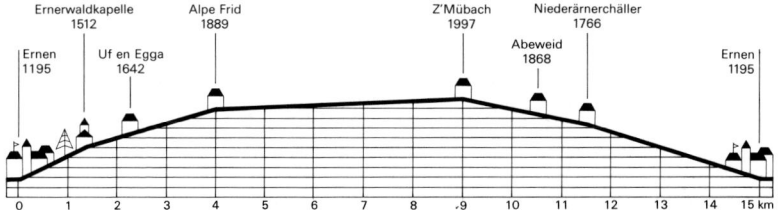

befindet sich ein grosser Weidstall, in welchem bis 140 Stück Vieh untergebracht werden können. Dieser Stall sowie das Haus für das Alppersonal sind
mit allem neuzeitlichen Komfort ausgestattet, und die Alp ist für Motorfahr-
zeuge zugänglich. Von dieser Stelle aus geniesst man eine wunderbare weite Sicht auf das Gebiet von Fiesch, das Fieschertal, den Fieschergletscher
und den grössten Teil des Aaremassivs: Eggishorn, Wannenhorn, Aletschhorn und Finsteraarhorn, um nur die berühmtesten zu nennen. Auf der Seite
des Binntals erheben sich die grossartigen Berggruppen Bättlihorn, Breithorn, Helsenhorn und Scherbadung; diese beiden letzten übersteigen
3000 m. Man folgt nun einem Pfad, der noch weiter emporsteigt, sich nach
rechts wendet und ein wenig in den Wald eindringt. Auf 2000 m senkt er
sich über den linken Hang des Rappetals. Da der Hang sehr steil ist und der
Pfad schmal, ist beim Abstieg Vorsicht geboten. Nach einer Stunde erreicht
man den Talgrund bei *Abeweid*. Anfang Juli sind die Hänge der linken
Talseite mit blühenden Alpenrosen bedeckt. Das Tal trägt alpinen Charakter.
Es ist baumlos, besitzt nur drei kleine Alphüttengruppen der Gemeinde
Mühlebach und wird im obersten Teil vom Rappehorn (auch Mittaghorn
genannt) und dem Rappegletscher abgeschlossen.
Talabwärts auf der rechten Seite des Mühlebachs wandert man bis Nieder-
ärnerchäller. Dort wird der Bach überquert. Durch den Ärnerwald gelangt
man mühelos zurück nach *Ernen*.

Abzweigungen
a) Ernen–Wasen–Binnachra–Seng–Niederernen–Ernen 🚌 2 Std. 30 Min.
b) Ernen–Niedernen–Wasen–Binnegga–Ernen 🚌 1 Std. 40 Min.
c) Ernen–Mühlebach–Rottenbrücke–Fürgangen 🚌 🚡 1 Std.
d) Uf en Egga–Schlund–Binnegga–Ernen 🚌 1 Std. 45 Min.
e) Alp Frid–Sennenweg–Niederärnerchäller–Ernen 🚌 2 Std.

◀ **Murmeltiere gehören
zu den beliebtesten Be-
wohnern unserer Alpen.
Auch im Aletschgebiet
kann sie der Wanderer oft
beim Spiel beobachten.**

Mü

Erne
1195

0

41

Ernen–Ärnergale–
Chummehorn–Reckingen

Sehr interessante Höhenwanderung mit schöner Sicht teils auf das Binntal,
teils auf das Rhonetal.

Route	Höhe in m	Hinweg	Rückweg
Ernen 🚌	1195	–	8 Std. 20 Min.
Mühlebach	1248	25 Min.	–
Lärch	2120	3 Std.	6 Std. 10 Min.
Ärnergale	2474	4 Std.	5 Std. 25 Min.
Chummehorn	2754	5 Std. 15 Min.	4 Std. 25 Min.
Chäller	1845	7 Std.	1 Std. 40 Min.
Reckingen 🚂	1326	8 Std. 20 Min.	–

Von *Ernen* (S. 121) wandert man in das Dorf *Mühlebach* (S. 130) und steigt
durch die Wiesen empor. Bei der Weggabelung am Waldrand wählt man den
mittleren der drei Wege. Er führt in Windungen durch den Wald hinauf nach
Chäserstatt und weiter zur Hütte von *Lärch*. Hier hört der Weg teilweise auf.
Man folgt in südöstlicher Richtung dem Grat der weiten Kuppe des rasenbewachsenen *Ärnergale* über Schäre, Niwi Hitta, Pt. 2474 und Pt. 2616. Dieses sanft gewellte Gebiet ist das Werk einstiger Gletscher. Von Pt. 2616
wendet man sich, ohne dem Grat zu folgen, gegen Pt. 2747 und zum Gipfel
des *Chummehorns*. Von diesem Punkt aus sowie auch während des ganzen
Weges über den Ärnergale ist die Aussicht prächtig, besonders auf alle Dörfer des obern Goms und das Aaremassiv.
Der Abstieg vollzieht sich über den Nordgrat zur Chummefurgge (Pt. 2636),
wo man einen manchmal unterbrochenen Pfad findet, der durch das Tälchen der Chumme zur kleinen Hütte von Stafel führt. Von dort setzt sich der
Pfad in gleicher Richtung fort nach *Chäller* im Grund des Blinnentals. Nun
zieht man durch das wilde, zwischen Felsen eingeengte Tal über Lärch,
Niwstäfelti und Finsterlig nach Salzgäbi, wo wieder der Wald beginnt. Man

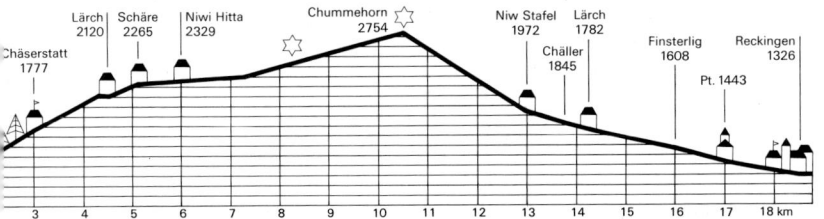

kommt an der grossen Heiligkreuz-Kapelle vorbei, die aus dem Jahre 1765 stammt. Bald erreicht man das schöne Dorf *Reckingen* (S. 133).

Abzweigungen
a) Schäre (Ärnergale)–Abeweid (Rappetal) 50 Min.
b) Wenn man den Abstieg abkürzen will, kann man vom Ärnergale vor Pt. 2616 in nördlicher Richtung in die Bodmerchumma zu den reizenden Seen Grittle und Grundle hinuntersteigen. Der Pfad führt weiter über Mürischbode, Salzgäbul und Äbmeggi und gelangt durch den Wald hinunter nach Bodme und Blitzingen 🚌 2 Std. 30 Min.

42   Binn–Eggerhorn–Ernen

Steiler, aber sehr schöner Aufstieg; herrliche Rundsicht vom Eggerhorn aus.

Route	Höhe in m	Hinweg	Rückweg
Binn 🚌	1400	–	5 Std. 40 Min.
Sattulti	2128	2 Std. 20 Min.	4 Std. 25 Min.
Eggerhorn	2503	3 Std. 30 Min.	3 Std. 40 Min.
Z'Mübach (Rappetal)	1997	4 Std. 30 Min.	2 Std. 15 Min.
Ernen 🚌	1195	6 Std.	–

Betrachtet man von *Binn* (S. 115) aus die Hänge, welche zum Eggerhorn ansteigen, so ist man versucht, sich von ihrer Steilheit entmutigen zu lassen. Aber keine Besorgnis! Der Saumweg, den man hinter dem Hotel betritt, ist gut unterhalten. Er steigt in weiten Kehren durch einen schönen Lärchen- und Rottannenwald empor und bringt uns ohne grosse Anstrengung zu den Hütten von Meili hinauf. Weiter oben sind die Rasenhänge voller Goldprimeln. Unvermutet stösst man auf einen Einschnitt im Grat, wo man bei *Sattulti* von dem plötzlichen Auftauchen von Gipfeln der Berner Alpenkette

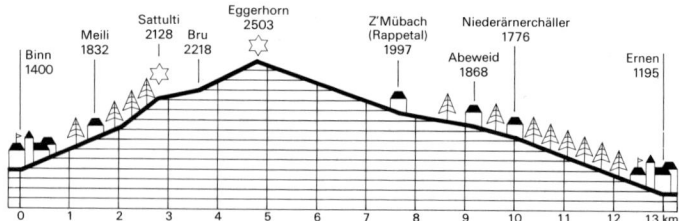

Binn mit dem Weiler Wilere und der Pfarrkirche. Die Kirche, erbaut in den Jahren 1561–1565, ist dem Erzengel Michael geweiht (Routen 2, 37, 38, 42–45).

ganz ergriffen ist. Und was als das Zauberhafteste ins Auge fällt: Ein Kranz hoher Gipfel und Gletscher säumt das Goms. Noch eine Anstrengung, um die Abhänge von Bru zu erklimmen, und man steht auf der hohen grasbewachsenen Kuppe des *Eggerhorns*. Eine umfassende Aussicht auf die Berner Alpen und ein prächtiger Blick auf das langgezogene obere Goms mit seinem gleichmässigen Aufbau belohnen uns. Gegen Süden blickt man über das nahe Binntal mit seinen verschiedenen verzweigten Tälern. Zu Sommeranfang leuchten hier wahre Blütenteppiche, vor allem Alpenstiefmütterchen.

Es lohnt sich nun, durchs Rappetal nach Ernen abzusteigen. Eine schwache Pfadspur beginnt östlich des Gipfels bei Pt. 2426 und führt schräg über den linken Hang des Rappetals bis zu der Hütte von *Z'Mübach* hinab. Anfang Juli kann bei einem späten Frühling am schattigen Steilhang noch Firnschnee liegen, was eine gewisse Gefahr bedeutet.

Der Weg zieht durch den Grund des einförmigen Rappetals mit seinen alpenrosenbedeckten Hängen, wechselt an das linke Ufer hinüber und erreicht durch den Wald das Dorf *Ernen* (S. 121). Man denkt dabei an den kleinen Hirtenbuben Matthäus Schiner, den späteren Kardinal, der seine Ziegen ins Rappetal auf die Weide trieb.

Abzweigungen
a) Sattulti–Äbnimatt–Bärg–Ausserbinn 🚌 2 Std.
b) Eggerhorn–Schweifegrat–Grosses Faulhorn–Pt. 2716–Fäldbach–Fäld 🚌 4 Std.
c) Eggerhorn–Alp Frid–Eggen–Ernen 🚌 2 Std.
d) Abeweid–Ärnergale–Mühlebach 4 Std.
e) Niederärnerchäller–Chalberweid–Mühlebach 2 Std.

43   Binn–Fäld–Binntalhütte SAC–Albrunpass

Gemütliche, unbeschwerte Wanderung durch ausgedehnte Alpweiden.

Route	Höhe in m	Hinweg	Rückweg
Binn 🚌	1400	–	2 Std. 45 Min.
Fäld	1547	40 Min.	2 Std. 10 Min.
Freichi	1883	2 Std.	1 Std. 10 Min.
Blatt	2109	2 Std. 40 Min.	40 Min.
Albrunpass	2409	3 Std. 40 Min.	–

Man verlässt *Binn* (Schmidigehischere; S. 117) mit seiner St.-Antonius-Kapelle aus dem Jahre 1690, gelangt über eine Steinbrücke aus dem Jahre 1564 an das andere Ufer der Binna und wandert dem Fluss entlang nach links hinauf. Es empfiehlt sich, den Wanderweg auf der linken Talseite über Holzerehischer zu wählen, weil die rechte Talseite zu sehr vom Autoverkehr beherrscht wird. Man erreicht den Weiler Giesse (S. 116), der früher etwa 50 Einwohner zählte. 1888 wurde er zum grossen Teil von einer Lawine zer-

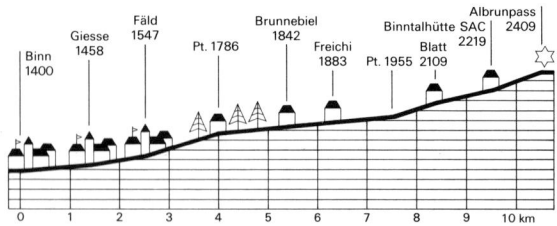

stört. Die Marienkapelle aus dem Jahre 1734 besteht noch. Oberhalb Fäld
erblickt man den wunderbaren Wasserfall des Fäldbaches, der sich über eine
hohe Felswand hinunterstürzt. Bald steht man einer Terrasse gegenüber, die
günstig ist zum Anpflanzen von Roggen und Gerste. Ihr Fuss ist von der
Binna zernagt. Die kleine Gebäudegruppe *Fäld* (S. 116), dicht zusammen-
gedrängt um die St.-Martin-Kapelle aus dem Ende des 17. Jh., liegt am
Ostende der kleinen Hochebene. Der Grund hierfür ist leicht zu finden,
schwingt sich doch darüber ein kahler Steilhang empor, der die Lawinen
begünstigt.
Der Hauptweg verlässt Fäld, steigt über einen Wiesenhang hinauf und
durchstreift einen Lärchenwald. Mehrere Pfade wenden sich den Alpen auf
den Höhen zu. Schöner Blick auf den gegenüberliegenden Talhang mit der
Mässeralp, die vom Stockhorn und der prächtigen Schneepyramide des
Schwarzhorns überragt wird. Der Wald bleibt zurück, und man gelangt an
den Alphütten von Brunnebiel und *Freichi* vorbei. Im Talhintergrund erblickt man das Ofenhorn. Bald betritt man den Grund des letzten Talkessels
und erreicht nach einem Anstieg von etwa 100 m die Hütte von *Blatt.* Schöner Talabschluss, von Bergen und Gletschern umgeben, von denen sich
zahlreiche Wildbäche herabstürzen.
Auf 2269 m befindet sich die *Binntalhütte* des SAC mit 50 Schlafplätzen.
Von der Hütte aus beginnt der Aufstieg zum *Albrunpass* zwischen Ofenhorn
und Albrunhorn. Er ist von der Hütte aus in 30 Min. erreichbar. Dieser Pass
ist sehr eingeschlossen und bietet wenig Aussicht. Sobald man aber am
italienischen Hang absteigt, geniesst man einen schönen Blick auf das Tälchen von Arbola. Dieser Übergang spielte früher als Verbindungsweg zwischen den Bewohnern von Binn und Italien eine grosse Rolle. Das Formazzatal war in alter Zeit von Walliser Emigranten bevölkert. Heute wird der Pass
meist noch von Touristen benützt, welche sich zum Tosafall und über den
San-Giacomo-Pass ins Bedrettotal oder über den Griespass nach Ulrichen
im Goms begeben wollen. Über die Guriner Furka kann man auch nach dem
ebenfalls walserischen Bosco/Gurin im Tessin gelangen.

Nebenroute
a) Binn–Holzerehischer–Fäld auf dem rechten Ufer der Binna und Fäld über
   Figgerscha–Binnultini–Lärchultini–Freichi auf dem linken Ufer; gleiche
   Marschzeiten wie Hauptroute.

Abzweigung
b) Pt. 1775–Eggerebode–Pt. 2026–Gand–Schinerewyssi–Bieltini–Freichi
   2 Std.

44   Binn–Fäld–Geisspfad

Aufstieg durch eine wildromantische Gegend zu den reizenden Bergseen
Züe- und Geisspfadsee.

Route	Höhe in m	Hinweg	Rückweg
Binn 🚌	1400	–	2 Std. 25 Min.
Fäld	1547	40 Min.	1 Std. 50 Min.
Mässeralp	1978	2 Std.	1 Std.
Geisspfadpass	2474	3 Std. 30 Min.	–

Von *Binn* (S. 115) zur Brücke *Fäld* (S. 116) folgt man dem Albrunweg.
Rechts der Brücke zweigt unser Pfad ab, führt noch dem Bach entlang, dann
über das steinige Bett des Mässerbaches, überquert ihn, lässt den Pfad nach
Figgerscha links liegen und steigt am rechten Ufer hinauf. Unter den Stein-
blöcken des Wildbaches bemerkt man solche aus weissem Bitterspat (Dolomit), welche vom Schutt des berühmten Abbaus in Lengenbach herrühren.
Man steigt über Weiden und durch Gehölze empor, unweit der kleinen Wasserfälle des Mässerbaches, und gelangt zu den hübschen Hütten der *Mässeralp,* die gestaffelt am Hang liegen. Hinter einer Moräne erscheint das
Gletscherbecken von Manibode, überragt von den Abhängen des Schwarzhorns und Rothorns. Man folgt dem Tälchen nach links, und 1 Std. Anstieg
führt über steinigen Boden, der durch die ehemaligen Gletscher geformt
wurde. Hinter einer Reihe von Felsbuckeln liegt der Geisspfadsee mit dem
Züesee. Man erreicht die Gewässer am nördlichen Ende und geht östlich
davon um sie herum. Die Schönheit dieser Landschaft schildert uns Profes-
sor Pierre Favarger: «Die tiefblaue Farbe dieser Seen bildet einen starken
Gegensatz zu den alpenrosenbedeckten Serpentinfelsen und dem blumigen
Rasen, der sie umgibt. Zwei bläuliche Gletscherlein überragen sie und lassen
sie weniger ernst erscheinen. Das Wasser der Seen fliesst auf die Alp Manibode ab. Die Serpentinblöcke trennen eine Reihe grosser, flacher Becken
mit glasklarem Wasser. Einige Lärchen wachsen in den verwitterten Felsen.

◀ **Das Binntal ist besonders reich an seltenen
Kristallen. Seit 1732 wird
in Lengenbach die be-
rühmteste Mine Europas
ausgebeutet.**

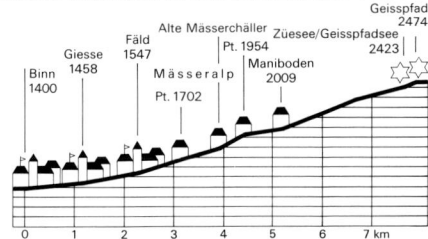

Etwas weiter unten wird der Hang steiler, der Bach wird lebhafter und verwandelt sich in mehrere Wasserfälle. Durch die vereinzelt stehenden Lärchen schimmern die Berner Alpen.»

Der *Geisspfadpass* liegt 35 m über den Seen, zwischen Grampielhorn und Rothorn, und bildet eine einförmige Hochebene, die mit Serpentinblöcken übersät ist, welche einen Überzug roter Oxydierung tragen. Am Ausgang des Passes bietet sich ein schöner Blick auf die italienische Alp Dévero, die vom riesigen Gipfelmassiv des Monte Cistella überragt wird.

Der Abstieg auf der italienischen Seite erfolgt nach Ai Ponti in 2 Std.

Abzweigung
Manibode–Mässersee 30 Min. Im Sommer Bademöglichkeit.

45 Binn–Heiligkreuz–Ritterpass–Alpe Veglia–San Domenico

Sehr steiler und steiniger Aufstieg, nur für geübte Berggänger! Steiler Abstieg nach Italien.

Route	Höhe in m	Hinweg	Rückweg
Binn 🚌	1400	–	9 Std.
Heiligkreuz	1472	1 Std.	8 Std. 15 Min.
Chummesee	2097	2 Std. 45 Min.	7 Std.
Ritterpass	2764	5 Std. 15 Min.	5 Std. 20 Min.
Alpe Veglia	1743	7 Std. 15 Min.	2 Std. 05 Min.
San Domenico 🚌	1400	8 Std. 45 Min.	–

Von *Binn* (S. 115) folgt man dem Weg bis zur Kirche von Wilere; unmittelbar vor der Kirche biegt man in spitzem Winkel nach links ab, um nach ein paar

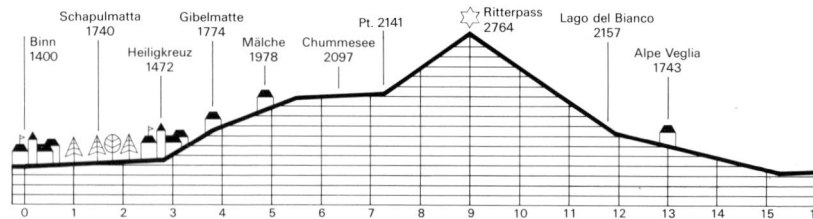

Schritten – noch im Bereich des Weilers – die Abzweigung nach rechts zu wählen, die in halber Höhe parallel zum Lauf des Lengtalwassers ins Lengtal hineinführt. Kurz nach Eigne taucht der Weg in den Wald ein, der sich hin und wieder kurz zu Lichtungen öffnet (Schapulmatta und – weiter unten an der Forststrasse – Meiggera). Wir erreichen schliesslich *Heiligkreuz* (S. 116), dessen Holzhütten im Grünen verstreut liegen; hier vereinen sich die Wasserläufe der drei Tälchen von Chriegalp, Chummi und Saflisch. Heiligkreuz hat eine gastliche Wirtschaft aufzuweisen und vor allem die grosse weisse Heiligkreuz-Kapelle aus dem 17. Jh. Von weither kommen die Menschen am Sonntag, wenn ihnen Unglück droht oder sie ereilt hat. Zahlreiche Weihebilder sind hier aufgehängt, Zeichen von Not und Glauben.

Der Weg zum Ritterpass steigt nach dem Queren des Chriegalpwassers in Richtung des grossen Wasserfalles empor, erklettert einen bewaldeten Steilhang zur Hütte von Gibelmatte und führt weiter aufwärts zum *Chummesee*. Man überschreitet eine terrassenartige Fläche (einen zugeschütteten ehemaligen See) mit mannigfaltiger Flora von ganz besonderer Art in den Sumpfgebieten. Den letzten Anstieg überwindet der Pfad im Erklimmen eines jähen Abhanges nach links; dann folgt eine steinige Berglehne.

Der *Ritterpass* bietet einen wunderbaren Blick nach dem lichtvollen Italien. Der Abstieg kann nach Heiligkreuz zurück erfolgen oder südwärts nach Italien zum Lago del Bianco und weiter auf die berühmte *Alpe Veglia* in 2 Std. Von hier aus erreicht man *San Domenico* mit Fahrgelegenheit nach der Station Varzo an der Simplonlinie.

◀ **Nur Frühaufstehern, Kennern der Standorte und Lebensweise der Auerhühner ist es vorbehalten, den Auerhahn in der beinahe dramatisch anmutenden Balz zu beobachten.**

▶ **Münster, der Hauptort des obern Goms mit seinen dichtgedrängten Häusern, auf einem mächtigen Schuttkegel gelegen; im Hintergrund der Galenstock (Routen 46, 47, 50, 51, 55).**

46   Bellwald–Münster

Gommer Höhenweg, 1. Teil. Königswanderung des Obergoms durch dichte Wälder und karge Weiden, während der immer wieder zwei markante Gipfel auftauchen: das Weisshorn im Westen und der Galenstock im Osten.

Route	Höhe in m	Hinweg	Rückweg
Bellwald 🚠	1559	–	5 Std. 30 Min.
Willere	1535	45 Min.	4 Std. 40 Min.
Wilerlärch	1460	1 Std.	4 Std. 20 Min.
Walibach	1690	2 Std. 45 Min.	2 Std. 50 Min.
Bawald	1580	3 Std. 05 Min.	2 Std. 20 Min.
Bächital	1820	4 Std. 10 Min.	1 Std. 30 Min.
Gifi	1521	4 Std. 45 Min.	30 Min.
Münster 🚂	1388	5 Std. 15 Min.	–

Diese Königswanderung führt den Wanderer in zwei Etappen an den Südhängen durch das ganze Obergoms, ohne einmal mit einem Auto oder mit andern Einrichtungen der Zivilisation in Berührung zu kommen.
Vom Dorf *Bellwald* (S. 114) folgt man der Strasse in östlicher Richtung nach Wilera. Hier zweigt der Weg nach rechts ab und führt durch mehrere Maiensässe nach *Willere*. Bei Pt. 1535 senkt sich der Pfad in den grossen Lawinengraben Schwarze Brunne. Beim Ausstieg aus dem Graben weiter unten öffnet sich eine herrliche Aussicht auf das Mittelgoms. Bei Riti wählt man den Weg nach links, um bei *Wilerlärch* wieder ein Tobel zu queren. Unter uns sehen wir Blitzingen mit seinen Weilern Ammere und Bodmen. Nach einer kurzen Steigung überschreiten wir den Hilperschbach, wandern durch den dichten Selkingerwald und gelangen im Bieligtal an den *Walibach*.
Nach dem Verlassen des *Bawaldes* folgt oberhalb von Gluringen eine längere Steigung bis hinein ins *Bächital*. Hier brach im Jahre 1970 die verheerende Lawine los, die unten im Tal zwischen Gluringen und Reckingen mehrere Gebäude wegriss und 30 Todesopfer forderte.

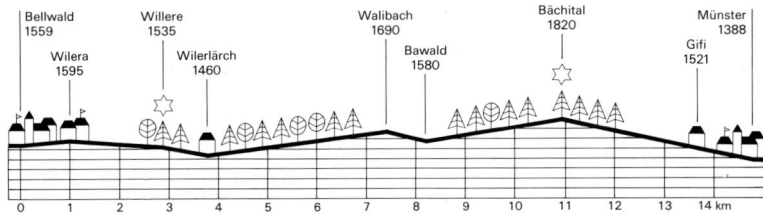

Das Bächital verlassend, stossen wir bei Mittlerbine auf die Abzweigung nach der Galmihornhütte und steigen auf leicht fallendem Weg nach *Gifi* und zum schönen Etappenziel *Münster* (S. 131) ab, dem Hauptort des Goms.

Abzweigungen
a) Bellwald–Niederwald 🚡 45 Min.
b) Willere–Niederwald 🚡 30 Min.
c) Riti–Blitzingen 🚡 30 Min.
d) Igschene–Selkingen 🚡 30 Min.
e) Resti–Biel 🚡 30 Min.
f) Bawald–Ritzingen 🚡 30 Min.
g) Bine–Gluringen 🚡 30 Min.
h) Wiler–Reckingen 🚡 30 Min.

47 Münster–Oberwald

Gommer Höhenweg, 2. Teil. Königswanderung des Obergoms.

Route	Höhe in m	Hinweg	Rückweg
Münster 🚡	1388	–	4 Std.
Geschinerbach	1410	1 Std.	3 Std. 10 Min.
Nessel	1712	2 Std. 10 Min.	2 Std. 20 Min.
Gadestatt	1537	2 Std. 40 Min.	1 Std. 40 Min.
Abzweigung Grimselweg	1558	3 Std. 10 Min.	1 Std. 10 Min.
Jostbach	1560	3 Std. 40 Min.	40 Min.
Oberwald 🚡 🚌	1368	4 Std.	–

Beim nördlichen Dorfausgang von *Münster* (S. 131) hat man drei Möglichkeiten, auf den Gommer Höhenweg zu gelangen: in nordwestlicher Richtung über Gifi, durch das Münstigertal hinauf oder über Matten nach Löüwene empor.

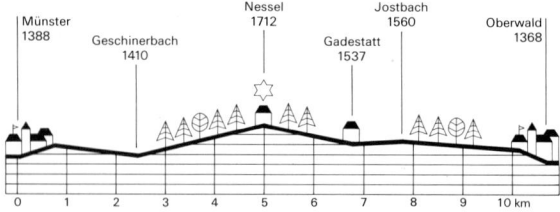

Enziane, stellvertretend für die Vielfalt der Alpenflora. Kurz nach der Schneeschmelze bedecken sie ganze Felder wie ein blauer Teppich.

Der Weg führt dann oberhalb Geschinen, einem typischen Walliser Dorf, über den *Geschinerbach,* um bei Bärg gegen *Nessel* anzusteigen. Vom Nessel, dem höchsten Punkt der zweiten Etappe, blicken wir hinab auf das Dorf Ulrichen. Dort öffnet sich gegen Süden das Tal der Ägene, durch welches sich die Nufenenstrasse, die höchste Passstrasse der Schweiz, zum Nufenenpass hinaufwindet.

Unser Weg führt nun hinein ins wildromantische Tal des Oberbachs, um bei Gafene wieder aus ihm herauszutreten. Hier erweckt das Dorf Obergesteln unsere Aufmerksamkeit. Die Häuser des Dorfes sind nicht wie die anderer Obergommer Dörfer aus Holz, sondern aus Stein erbaut. Das Dorf ist nämlich zweimal abgebrannt, und nach dem zweiten Brand entschloss man sich zum Wiederaufbau in Stein.

Unsere Wanderung geht dem untern Waldrand entlang weiter nach *Gadestatt* und Hostette zum Milibach. Bald kreuzen wir den alten Grimselweg, wandern durch Weiden und lichten Lärchenwald und steigen zum Schluss zu unserem Etappenziel *Oberwald* (S. 133) ab. Es ist Ausgangspunkt zu den Pässen Grimsel und Furka. Hier steht auch das Westportal des Furka-Basistunnels, welcher das Obergoms ganzjährig nach Osten öffnet.

Abzweigungen
a) Geschinerbach–Geschinen 🚂 20 Min.
b) Niderbach–Ulrichen 🚂 30 Min.
c) Gadestatt–Obergesteln 🚂 30 Min.

48   Bellwald–Richinen–Risihorn

Prächtige Bergwanderung, besonders im Frühsommer zur Zeit der Blüte der Bergblumen.

Route	Höhe in m	Hinweg	Rückweg
Bellwald ⛡	1559	–	3 Std.
Richinen 🛠	1987	1 Std. 30 Min.	2 Std.
Steibechriz	2432	2 Std. 40 Min.	1 Std.
Chüe	2720	3 Std. 50 Min.	20 Min.
Risihorn	2875	4 Std. 20 Min.	–

Von *Bellwald* (S. 114) folgt man der Strasse, die das Dorf in östlicher Richtung verlässt. Nach etwa 15 Min., ca. 500 m nach einer markanten Linkskurve, verlässt man diese Strasse und folgt dem Weg, der nach rechts abzweigt. Nach 10 Min. Wanderung durch lichten Wald gelangen wir zu einer Gabelung. Der breite Forstweg endet nach 500 m. Links führt ein Pfad durch den Tannenwald nach *Richinen*. Gegen den obern Waldrand trifft man auf die Forststrasse, der man in östlicher Richtung folgt. So gelangt man zum Fleschesee, der Bergstation der Sesselbahn, die Bellwald mit Flesche verbindet. Über die Forststrasse führt die Wanderung dann weiter zum Steibeläger, der kleinen Ebene oberhalb der untern Lawinenverbauungen. Ca. 400 m nach den engen Kurven oberhalb von Steibeläger zweigt der Weg rechts ab. Über freie Alpweiden erreicht man den Aussichtspunkt *Steibechriz*. Dem markierten Weg folgend, gelangt man über Furggulti zur *Chüe*. Über moosige Flächen erreicht man den Südgrat des Risihorns, an dessen Ostflanke sich der Weg zum Gipfel hochschlängelt.

Das *Risihorn* ist ein einzigartiger Aussichtspunkt. Dem Blick bieten sich dar: der zerklüftete Fieschergletscher, die Berner Alpen mit der Pyramide des Finsteraarhorns, die imposante Kette der Walliser Alpen mit all den Viertausendern, aber auch die Bergriesen der Innerschweiz und Graubündens sowie das Massiv des Mont-Blanc.

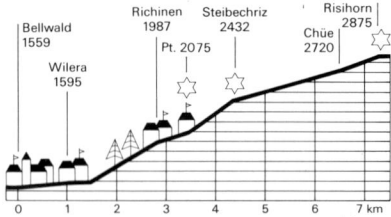

49   Bellwald–Litzibach–Blitzingen

Erholsame Wanderung über die Alpen von Richinen und Litzibach.

Route	Höhe in m	Hinweg	Rückweg
Bellwald 🚠	1559	–	5 Std.
Richinen 🏔	1987	1 Std. 30 Min.	4 Std.
Spilbode	2400	2 Std. 50 Min.	3 Std.
Blitzingen 🚌	1297	4 Std. 50 Min.	–

Von *Bellwald* (S.114) folgt man in östlicher Richtung der Strasse nach Wilera. Etwa 500 m nach einer markanten Linkskurve verlässt man die Strasse und folgt dem Weg, der durch den Tannenwald nach *Richinen* führt. Gegen den obern Waldrand tritt man auf die Forststrasse, der man in östlicher Richtung folgt. So gelangt man zum Fleschesee.
In der Linkskurve oberhalb des Sees verlässt man die Forststrasse nach rechts und folgt dem schmalen Weg in östlicher Richtung. Leicht ansteigend führt dieser nach Chiebodma, einem kleinen alten Stafel mit Alphütten. Hinter diesen Hütten windet sich der Weg auf die Anhöhe der Bidmere empor. Von hier gelangt man in wenigen Minuten über leicht coupiertes Gelände zum Spilsee.
Hinter der ersten Kuppe unterhalb des *Spilbode,* der ebenen Fläche östlich des Sees, steigt man abwärts gegen den Litzibach. Kurz nachdem der Weg in den Wald auf der linken Talseite des Litzibaches eingedrungen ist, mündet er in eine Forststrasse. Dieser durch den dichten Tannenwald folgend, gelangt man bald in lichteren Lärchenbestand.
Immer wieder bieten sich überraschende Blicke in das obere Rhonetal. So wandert man durch die weiten Voralpen hinab zu den Weilern Ammere, Wiler und Gadme, die dank privater Initiative äusserst gut erhalten blieben. Nach kurzer Wanderung durch satte Wiesen nimmt uns bald das Dorf *Blitzingen* (S.118) auf.

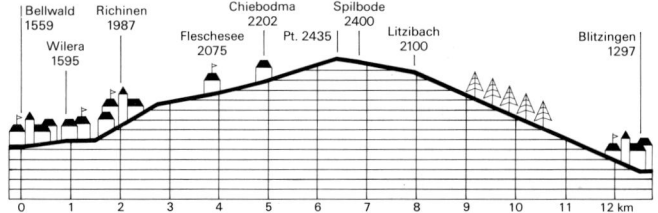

50

Münster–Galmihornhütte–Münster

Angenehme, abwechslungsreiche Wanderung durch grüne Wiesen, lichten Wald und karge Alpweiden zu einem herrlichen Aussichtspunkt.

Route	Höhe in m	Hinweg	Rückweg
Münster 🚂	1388	–	4 Std. 30 Min.
Judestafel	1919	1 Std. 50 Min.	3 Std. 40 Min.
Galmihornhütte SAC	2113	2 Std. 30 Min.	2 Std. 40 Min.
Chäller	1942	3 Std. 30 Min.	1 Std. 20 Min.
Münster 🚂	1388	4 Std. 30 Min.	–

Zuoberst im Dorf *Münster* (S.131) schlägt man den Weg in südwestlicher Richtung durch Wiesen und Felder nach Gifi ein. Durch den Bannwald hinauf erreicht man in drei weiten Kehren den *Judestafel*. Ob der Waldgrenze führen dann zwei leicht ansteigende Schlaufen zur *Galmihornhütte*. Diese liegt auf einem rasenbewachsenen Höcker der Hänge von Alpje. Die Hütte wurde im Jahre 1985 nach einem Brand neu aufgebaut. Von hier aus bietet sich eine prächtige Aussicht auf das oberste Rhonetal und auf die Walliser Alpen vom Galenstock bis zum Weisshorn.
Als Abstieg wählt man den guten Weg westwärts über den Grat zu den Lawinenverbauungen und dann dem Hang entlang südwestwärts zur Alp *Chäller*. Nach einer etwa 1,5 km langen Wanderung hinab durch den Wald betritt man den Gommer Höhenweg, der den Wanderer ins schöne Dorf *Münster* zurückführt.

Nebenroute

a) Münster–Münstigertal–Judestafel–Galmihornhütte 2 Std. 30 Min.

Abzweigung

b) Galmihornhütte–Chastellücke–Euchummesee 2 Std.

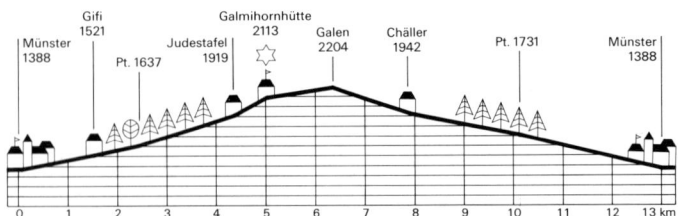

◀ **Der weltberühmte Gla-
cier-Express der Furka-
Oberalp-Bahn kann seit
der Eröffnung des Furka-
tunnels 1982 ganzjährig
verkehren. Auf seiner
270 km langen Fahrt von
Zermatt nach St. Moritz
rollt er über 291 Brücken
und durch 91 Tunnels
(Routen 32–35).**

▲ **Im Talkessel von
Gletsch kann der interes-
sierte Naturfreund auf einem Lehrpfad die Vielfalt
der Alpenflora dieses Ge-
bietes bewundern. Im Hin-
tergrund der Rhoneglet-
scher und das Furkahorn.**

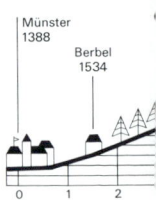

Münster
1388

Berbel
1534

0   1   2

51 Münster–Brudelhorn–Ulrichen

Eine wildromantische Bergwanderung, die Bergtüchtigkeit voraussetzt.

Route	Höhe in m	Hinweg	Rückweg
Münster 🚌	1388	–	8 Std. 15 Min.
Läger	2150	2 Std. 30 Min.	6 Std. 20 Min.
Brudelhorn	2790	4 Std. 45 Min.	4 Std. 40 Min.
Ladstafel	1925	6 Std. 25 Min.	2 Std. 15 Min.
Ulrichen 🚌 🚃	1346	8 Std. 15 Min.	–

Von *Münster* (S. 131) aus überschreitet man die Rhoneebene und schlägt einen Weg ein, der in östlicher Richtung gemächlich durch die Wiesen von Berbel emporführt. Man betritt das Tälchen von Merezebach und gelangt durch den Wald zu den Hütten von Chäller nahe am Wildbach. Der Weg steigt weiter an und erreicht Handegg. Etwas weiter oben wählt man bei einer Gabelung den Weg nach links, der in zwei Kehren zu der Hütte von *Läger* hinaufführt. Von Pt. 2211 steigt man weglos den langen steinigen Hang von Öuchumm empor. Im obersten Teil hält man nach rechts auf die tiefste Stelle des Grates zu, Pt. 2663, zwischen Ritzberge rechts und Distelgrat links. Man gelangt ohne Schwierigkeit auf das *Brudelhorn* und wieder zurück; 1 Std.
Von Pt. 2663 steigt man zum nahen Distelsee hinab und wendet sich von dort in nördlicher Richtung durch die Höcker von Distel bis zu einem Wasserlauf, folgt diesem bis zur Hütte von Hinner Distel und steigt von dort am linken Ufer zur untern Hütte von Vorder Distel ab. Nun sieht man durchs Lengtal hinaus zu den Hütten von *Ladstafel,* wo die Wege zum Nufenen- und Griespass abzweigen.
Der Abstieg durch das Ägenetal erfolgt teilweise auf einem guten Saumweg, über den Weiler Zum Loch mit der schmucken St.-Anna-Kapelle und quer durch den Talboden nach *Ulrichen* (S. 139).

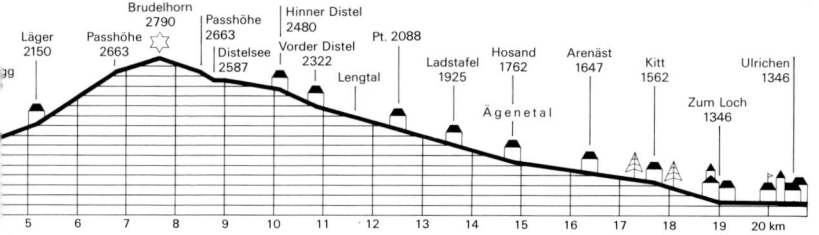

52

Ulrichen–Nufenenpass oder Griespass

Wanderung auf historischen Wegen zu Alpenübergängen, die einst über die Landesgrenze hinaus bekannt waren.

Route	Höhe in m	Hinweg	Rückweg
Ulrichen 🚌 🚃	1346	–	3 Std.
Altstafel	1995	2 Std. 45 Min.	1 Std.
Nufenenpass 🚃	2478	4 Std. 05 Min.	–
Griespass	2479	4 Std. 15 Min.	–

Von *Ulrichen* (S. 139) weg überquert man die Ebene und die Rhone. Der Weg führt am Weiler Zum Loch vorbei, wo noch die frühere Sust steht, die aber nicht mehr bewohnt ist. Die Kapelle stammt aus dem Jahre 1687. Die Strasse steigt durch die Wiesen von Blaswald empor, quert den Bergbach und führt über Kitt, Arenäst, Hosand und Ladstafel nach *Altstafel.* Das Tal weitet sich kesselförmig, und der Dolomitbänke wegen ist hier die Flora reicher. Vom Weiler Zum Loch bis zur Strassenkehre (Pt. 1562) und von Pt. 1759 bei Hosand bis nach Ladsteg und Altstafel bestehen noch Teilstücke des alten Saumweges, die benützt werden können.

Von Altstafel führt der Weg nach links auf den *Nufenenpass,* der Weg nach rechts auf den *Griespass.* Der Nufenenpass bietet eine schöne Aussicht auf die Gipfel des Aletschmassivs. Jenseits des Passes liegt das Bedrettotal, das zum Kanton Tessin gehört. Man kann in 2 Std. nach All'Acqua absteigen. Auf dem Pass lagert eine berühmte Steinschicht von Belemniten (Donnerkeilen) in Kristallschiefer.

Der Griespass ist eine weite Hochebene, teilweise vom unteren Ende des langen Griesgletschers bedeckt, im Westen überragt vom Fülhorn, einem Vorgebirge des Blinnenhorns, im Osten vom Nufenenstock, welcher die Pässe Nufenen und Gries trennt. Die Aussicht auf das Oberaarhorn-, Basodino- und Ofenhornmassiv ist grossartig. Vom Pass steigt man in das italie-

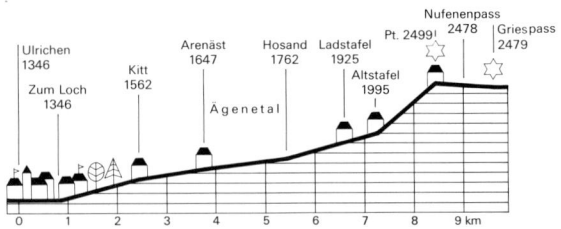

nische Formazzatal hinunter, wo man den Wasserfall der Tosa besuchen kann. Dies ist der Weg, dem im 13. Jh. die Walliser folgten, welche sich im Formazzatal und in seinen Seitentälern ansiedelten. Sie zogen sogar bis zum schweizerischen Bosco/Gurin in einem Seitental des Maggiatals im Kanton Tessin.

Abzweigung
Eine verkürzte, sehr lohnende Wanderung von ca. 2 Std. 30 Minuten führt von der Bushaltestelle «Abzweigung Griespass» über den Cornopass zur Cornohütte auf die Südseite des Nufenenpasses.

53   Obergesteln–Grimselpass

Wanderung auf dem historischen Saumweg über die Grimsel, der früher die kürzeste Verbindung Berns mit Italien darstellte.

Route	Höhe in m	Hinweg	Rückweg
Obergesteln 🚃	1354	–	2 Std.
Totesee	2160	2 Std. 20 Min.	10 Min.
Grimselpass 🚌	2165	2 Std. 30 Min.	–

Gewöhnlich steigt man von Gletsch aus auf die Grimsel. Der Wanderer kann die Strasse grösstenteils meiden, indem er Abkürzungen benützt.
Der alte Weg führt von *Obergesteln* (S. 132) aus in nördlicher Richtung über die Ebene, quert den Milibach und steigt durch eine weite, des Waldes beraubte Gegend hinauf. Es sind die Lawinen, welche die Entwicklung des Waldes verhindern. Nach zwei Kehren gelangt man an der Waldgrenze zu den Hütten von Altstafel. In nordöstlicher Richtung wird der Weg über das ausgedehnte Gebiet der Hinnere Grimsle fortgesetzt, das von den einstigen Gletschern geformt worden ist. Bei Chrizegge hat man den höchsten Punkt des Hanges erreicht.

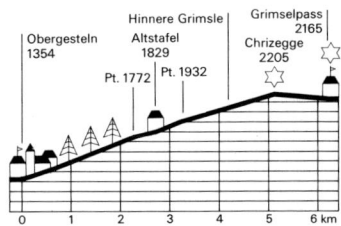

Hier bietet sich eine herrliche Aussicht auf das obere Rhonetal, die Mutten-
hörner, den Piz Rotondo, das Mittag-, Blinnenhorn, Matter- und Weisshorn.
Nun betritt man eine hügelige Hochebene, die sich bis zur Grimsel hinzieht.
Drei Hotels stehen am Ufer des *Totesees.* Von der *Grimsel* (S. 127) schweift
der Blick hinunter zum Grimselsee, auf das Grimsel-Hospiz und zu den Gipfeln der Berner Alpen. Vor dem Bau der Grimselstrasse spielte der alte Grimselweg nach Obergesteln eine bedeutende Rolle als Handelsweg vom
Haslital ins Goms und nach Italien.
Für den Rückweg kann man auch das Postauto nach Gletsch und Oberwald
benützen.

Abzweigungen
a) Grimselpass–Nägelisgrätli–Rhonegletscher–Hotel Belvédère 🚌 3 Std.
b) Grimselpass–Gletsch 🚌 1 Std.
c) Grimselpass–Grimsel-Hospiz 🚌 40 Min., –Handegg 🚌 2 Std. 20 Min.,
   –Guttannen 🚌 3 Std. 50 Min.

54 Oberwald–Bidmer–Furkapass

Wanderung über eine typische Alp des Obergoms zum Furkapass mit herrli-
cher Sicht auf den Rhonegletscher.

Route	Höhe in m	Hinweg	Rückweg
Oberwald 🚂 🚌	1368	–	2 Std. 50 Min.
Bidmer	2510	3 Std. 30 Min.	1 Std.
Furkapass 🚌	2431	4 Std. 30 Min.	–

Beim Dorfausgang von Unnerwasser – dem südlichen Teil von *Oberwald*
(S. 133) – wenden wir uns nach links, überqueren den Steg über die Gorneri

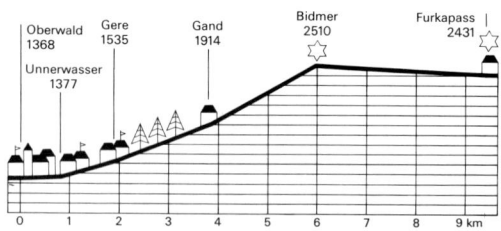

Die Kirche von Oberwald mit Lawinenschutzmauer (Routen 47, 54, 55).

und nehmen die Flurstrasse nach dem Alpdörfchen Gere unter die Füsse. Gere ist eine alte Siedlung des obersten Goms, die schon vor Oberwald bestand. Sie hatte eine eigene Gerichtsbarkeit und einen eigenen Galgen. Heute zeugen noch einige Ställe von der früheren Grösse. Eine schöne Kapelle aus dem Jahre 1647 lädt zu einem Besuch ein.

Unterhalb von Hungerbärg wandern wir über eine gutausgebaute Forststrasse teils durch Wald und teils durch einen steilen Hang in Richtung Lengisalp. Beim Stafel Gand beginnt ein Alpweg, der über üppige Alpweiden hinauf zum *Bidmer* führt. Es ist ein sanft nach Nordosten ansteigender Grat. Hier oben öffnet sich uns eine wunderschöne Aussicht: Im Westen blicken wir durch das ganze Goms hinunter bis zum Weisshornmassiv. Die Berner Alpen erheben sich vor uns in voller Majestät. Man hat einen herrlichen Blick auf die Pässe Grimsel und Furka im Norden, und der Rhonegletscher liegt in seiner ganzen Pracht vor unseren Augen.

Vom Bidmer führt ein etwas rauher Gebirgspfad am Fuss des Muttgletschers und an den Hängen unter dem Blauberg entlang zum *Furkapass.* Der Pass bietet eines der schönsten Panoramen der schweizerischen Bergübergänge. Der Blick umfasst das Urserental, das Finsteraarhorn, das Weiss- und Matterhorn, die Mischabel- und die Simplongruppe. Als Zugang nach Urseren und ins Bündner Oberland spielt der Furkapass eine wichtige Rolle im Fremdenverkehr.

Der Rückweg nach Oberwald kann auch mit dem Postauto unternommen werden. Lohnend und weniger anstrengend ist die Wanderung in der Gegenrichtung.

55 Oberwald–Münster–Niederwald

Rottenweg. Angenehme, weitgehend flach verlaufende Route auf der linken Talseite dem jungen Rotten entlang, auch für bergungewohnte Wanderer geeignet.

Route	Höhe in m	Hinweg	Rückweg
Oberwald 🚆 🚌 ⛴	1368	–	5 Std. 10 Min.
Zum Loch	1346	1 Std. 10 Min.	4 Std.
Münster 🚆	1360	2 Std. 25 Min.	2 Std. 45 Min.
Überrotte	1317	3 Std. 10 Min.	2 Std.
Bieligermatte	1281	4 Std.	1 Std. 10 Min.
Niederwald 🚆	1251	5 Std. 10 Min.	–

Der Reiz dieser Wanderung liegt in der Möglichkeit, wahlweise eines der urchigen Dörfer am rechten Rhoneufer zu besuchen.

Jenseits der Rhonebrücke im Dorfteil *Oberwald*/Unnerwasser (S. 133) biegen wir in südwestlicher Richtung in einen Feldweg ein, der sich fast 2 km weit gerade durch blumenreiche Wiesen hinzieht. Nach dem Cheerbach steigt der Weg leicht gegen den Waldrand an, fällt aber bald wieder in eine Senke am Rhoneufer nahe der Brücke nach Obergesteln (S. 132), einem südländisch anmutenden Dorf mit Häusern aus Stein. Nun wandern wir über eine Kuppe, dann dem untern Waldrand folgend hinein in den Weiler *Zum Loch,* der an der Nufenenstrasse liegt.

Wir begleiten nun auf ca. 500 m den Ägenebach und biegen nach links in die Ebene von Hinner- und Vordermatt und erreichen die Brücke von Geschinen (S. 123). Hier gehen wir auf das rechte Rhoneufer hinüber und schlendern oberhalb der Bahnlinie durch üppige Wiesen hinüber zum grossen Dorf *Münster* (S. 131).

Nördlich an der Bahnstation vorbei wandern wir, überqueren den Münstigerbach und folgen diesem auf einem Flurweg bis zur Rhone. Jenseits der

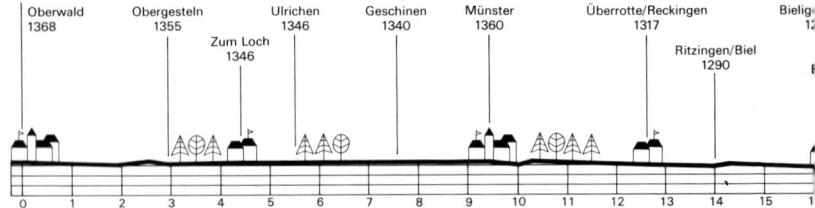

Brücke überwinden wir eine kurze Steigung nach rechts. Es folgt nun eine herrliche Waldpartie, die wieder in ein Flachstück übergeht und auf den Schuttkegel der Bline führt, zu den Häusern und Ställen von *Überrotte*, einem alten Dorfteil von Reckingen (S. 133). Möchten Sie nicht einen kurzen Abstecher in das Dorf mit einer der schönsten Barockkirchen des Wallis unternehmen?

Wir setzen unsere Wanderung fort am Schwimmbad vorbei, durch den idyllischen Campingplatz dem Rhoneufer entlang zur Wasserfassung des Kraftwerks von Niederernen. Vom gegenüberliegenden Schuttkegel grüssen das Dörfchen Gluringen und die reizende Wallfahrtskapelle auf dem Ritzingerfeld. Wir wandern am Militärlager und an dichten Erlenwäldchen vorbei und überwinden dabei zwei kurze Steigungen, um in die *Bieligermatte* zu gelangen. Unten bei den Ställen am Rotten biegen wir wieder nach links ab und folgen der jungen Rhone bis Bodme, einem Weiler von Blitzingen (S. 118). Nun heisst es für einige Zeit vom Fluss Abschied nehmen. Von Bodme führt eine gute Forststrasse in die Schlucht des Chrimpebaches hinein, von dort ein steiler Pfad durch den Wald und in offene Weiden, wo uns wieder eine breite Flurstrasse aufnimmt. Auf ihr wandern wir mühelos hinunter nach Rottenbrigge. Wir überqueren zum letztenmal den Fluss und erreichen nach einem kurzen Aufstieg das Dörfchen *Niederwald* (S. 132), unser Tagesziel.

Abzweigungen
a) Vom Rottenweg führen markierte Anschlusswege zu allen Gommer Dörfern.
b) Rottenbrigge Pt. 1220–Steinhaus–Mühlebach–Ernen 🚌 1 Std. 30 Min.

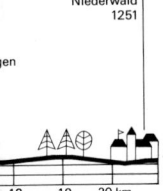

Niederwald
1251

gen

18   19   20 km

▶ **Hotel Belalp mit Blick auf die Zunge des Grossen Aletschgletschers. Das Gletschertor des mächtigen Eisstromes liegt knapp 1500 m ü. M. Neueste Studien haben ergeben, dass der Aletschgletscher beim Konkordiaplatz bis zu 1000 m mächtig ist.**

Aletschgebiet

Ist es nicht ein eindrückliches Erlebnis, mit der Familie durch Wiesen und Wälder zu streifen und die Natur kennenzulernen? Wer das intensive Naturerlebnis sucht, wird im Aletschgebiet voll auf seine Rechnung kommen. Ausgedehnte Wälder, darunter der Aletschwald als einzigartiger Arvenwald, eine grossartige Tier- und Pflanzenwelt, die herrliche Aussicht auf Berner und Walliser Alpen und nicht zuletzt der mächtige Aletschgletscher bestimmen das Bild der Aletschregion.

Zu dieser Region gehören: Mörel-Breiten, Naters-Belalp, Riederalp, Bettmeralp und Fiesch-Kühboden. All diese Orte wurden in den letzten Jahren sehr stark vom Tourismus geprägt. Moderne Hotels und heimelige Chalets stehen dem Gast zur Verfügung. Luftseilbahnen, Gondel- und Sesselbahnen bringen die Besucher schnell und sicher auf die herrlichsten Aussichtspunkte und in die Nähe der bekannten Ausflugsziele wie Aletschwald und Aletschgletscher, Bettmer- und Eggishorn.

Alljährlich werden von den verschiedenen Verkehrsvereinen der Region geführte Tageswanderungen und Wildbeobachtungen, aber auch die beliebten Wanderwochen durchgeführt. Auf grosses Interesse stossen ferner das Schaukäsen beim Alpmuseum Riederalp und die geführten Gletscherbegehungen. Zudem werden von den Bergführern auch Kletter- und Eiskurse organisiert.

Aletschgletscher

Als eine der interessantesten Sehenswürdigkeiten des Aletschgebietes gilt zu Recht der Grosse Aletschgletscher. Deshalb verdient dieses gewaltige Naturphänomen eine kurze Beschreibung.

Mit ca. 22 km Länge ist der Aletschgletscher der längste Eisstrom der Alpen. Sein Nährgebiet liegt im Jungfraumassiv. Dort entsteht aus Schnee unter Einfluss von Kälte und Druck das Firneis. Durch den Druck der Eismasse «wandert» der Gletscher, das heisst er gleitet jährlich eine gewisse Strecke zu Tale, die z. B. beim Konkordiaplatz 180–200 m pro Jahr beträgt.

Die Gletscherzunge liegt tief unten im Massatal. Aus dem Gletschertor rauscht ein ansehnlicher Bach, die Massa. Am Zungenende kann am besten der Vorstoss oder Rückgang des Gletschers beobachtet werden. Je nachdem ob der Eisnachschub oder die Abschmelzung im Firngebiet bzw. bei der Zunge überwiegt, spricht man von einem Vorstoss oder Rückgang des Gletschers. Zurzeit geht der Grosse Aletschgletscher zurück.

In der Mitte des Gletschers erkennt man zwei grosse Schuttstreifen. Es handelt sich um die beiden Mittelmoränen des Aletschgletschers. Eine Mittelmoräne entsteht durch das Zusammentreffen zweier Gletscher, wobei sich zwei Seitenmoränen zu einer einzigen Mittelmoräne vereinigen.

Da beim Konkordiaplatz drei Gletscher zusammenfliessen, kann man beim Grossen Aletschgletscher zwei Mittelmoränen beobachten. Wer auf einer Mittelmoräne steht, entdeckt die verschiedensten Arten von Einflüssen auf das Abschmelzen des Eises: grosse Steine, die das Schmelzen verzögern und Gletschertische bilden; kleine vereinzelte Steine, die von der Sonne erwärmt werden und so das Schmelzen fördern, wobei jeder auf dem Grund eines kleinen Eistrichters liegt.

Auffallend sind die beiden hellen Streifen auf jeder Seite des Gletschers. Es handelt sich um Schutthalden, die vom Gletscher in den letzten 140 Jahren, also seit etwa 1850, freigegeben wurden. Der Gletscher hat demzufolge in dieser Zeit um mehr als 100 m an Mächtigkeit verloren. Auf dem vom Gletscher freigegebenen Schutt und Geröll bildet sich vorerst eine Humusschicht. Bald siedeln sich die ersten Pflanzen an, die sogenannte Pioniervegetation, wie Alpenleinkraut, Moränenweidenröschen, Alpensäuerling, Steinbrecharten u. a. m.

Aletschwald, Naturschutzgebiet

Der Grosse Aletschgletscher füllt den Grund des Massatals auf einer Länge von 22 km und senkt sich bis auf 1500 m hinunter. Der linksseitige Hang im untern Teil des Gletschers ist auf einer Länge von etwa 9 km von einem Grat begrenzt, dessen Höhe zwischen 2065 und 3000 m schwankt. Der untere Teil dieser Abdachung, zwischen Riederfurka und Hoflue, ist vom Aletschwald bedeckt, der in einer Höhe von 1600 bis 2140 m über dem Gletscher gelegen ist. Er besteht aus einem Gemisch von Arven und Lärchen. Der Untergrund setzt sich aus verschiedenen Gneisarten zusammen, die von ehemaligen Moränen bedeckt sind.

Nach langen Verhandlungen ist es dem Schweizerischen Bund für Naturschutz (SBN) gelungen, im Jahr 1933 ein Schutzgebiet zu schaffen, das den obern Teil des Waldes mit 219,4 ha in sich schliesst. Die Nadelhölzer setzen sich aus 77% Arven, 19,5% Lärchen und 3,5% Rottannen zusammen. Man bestaunt Bäume, die ein Alter von 800 Jahren aufweisen. Man sieht deutlich, wie Arven vor allem bei Blöcken, rauhen Felsen oder verfaulenden Baumstrünken wachsen. Das Unterholz besteht vor allem aus Ebereschen, Alpenrosen, Heidelbeeren und einem Dutzend Arten von Weiden.

Der Aletschwald hatte infolge übertriebener Ausbeutung für die Hotels und Sennhütten von Riederalp, durch das Gross- und Kleinvieh und auch durch den kalten Wind, der vom Gletscher her um die Felsköpfe weht, stark gelitten und war ein sterbender Wald. Nun ist der Schutz vollständig wie im Nationalpark des Engadins, d. h. man darf kein Vieh mehr weiden lassen, keine Bäume schlagen, nicht jagen, keine Blumen pflücken; es ist sogar verboten, Heidelbeeren zu sammeln, weil das Pflücken mit Metallkämmen die jungen, in den Beerenstauden verborgenen Bäumchen beschädigt. Es ist auch untersagt, Feuer zu machen, denn die Waldbrände sind verheerend, besonders für die Arven. Die Überwachung wird von besondern Aufsehern ausgeübt.

Um Schritt für Schritt die Entwicklung der Pflanzen und Tiere zu verfolgen, werden gründliche Studien unternommen. Auf verschiedenen Feldern stellt man eine genaue und vollständige Statistik aller Pflanzen auf, die dort vorkommen. Später wird diese Statistik weitergeführt, und so wird man die genaue Entwicklung der Vegetation des Schutzgebietes verfolgen können. Man hat im besondern die Tierwelt, Bäume, Moose, Flechten, Kleintiere des Bodens und die Temperatur studiert. Der Nordlage wegen finden sich zwar nur wenige Tiere: Gemsen, Murmeltiere, Eichhörnchen, Schneemäuse, verschiedene Hasen, Füchse, Marder und Iltisse. Das Aussetzen von Hirschen führte zu keinem Erfolg. Vögel kann man folgende beobachten: Birkhahn, Schneehuhn, Tannenhäher, verschiedene Spechtarten, Turmfalke, Kuckuck, Kreuzschnabel, Kolkrabe usw. In dieser Gegend bestehen die Überreste von zwei ehemaligen Wasserfuhren, wahrscheinlich aus dem 12./13. Jh., sowie von zwei Kalköfen. Der Grosse Aletschgletscher ist gegenwärtig Gegenstand sehr umfangreicher und gut geführter Studien. Vergessen wir nicht, die erhabene Schönheit des prächtig gelegenen Aletschwaldes zu erwähnen. Besonders an einem hellen Morgen, wenn die dunklen Arven noch im

Schatten stehen, während die Sonne bereits auf dem Gletscher glänzt, ist der Anblick sehr kontrastreich. Im Juli, zur Blütezeit der Alpenrosen, und im Oktober, wenn die Heidelbeerstauden und die Lärchen ihre wundervollen Farben angenommen haben, hinterlässt das Durchschreiten des Waldes unvergessliche Eindrücke.

Der Aufbau der Landschaft ist sehr eigenartig; man befindet sich auf einem hohen Kamm, der die Täler der Massa und des Goms beherrscht. Die hehre Gletscherlandschaft, umschlossen von schönen Berggipfeln mit kühnen Linien, sowie grossartige Aussicht tragen zur Schönheit dieses Gebietes bei.

Die Bäume gleichen in keiner Weise den regelmässigen und hochragenden Waldbäumen der tiefern Lagen. Hier haben sie einen gewaltigen Kampf zu bestehen; ihr Stamm ist oft geteilt wie ein mehrarmiger Leuchter, und dicke Äste breiten sich aus. Die feindseligen Elemente des Gebirges wie Kälte, Frosttrocknis und Winde haben ihre Wipfel gebrochen, und die Nebenäste haben sich gebogen, um den Stamm zu ersetzen. In unserem Zeitalter des unbedingten Nützlichkeitsprinzips empfindet man eine bereichernde Freude an diesem völlig uneigennützigen Werk des Schutzes des Aletschwald-Schutzgebietes, diesem Werk der Wissenschaft und der Geduld, der Güte und der Schönheit.

Villa Cassel – Naturschutzzentrum Aletschwald
Unmittelbar neben dem Naturschutzgebiet befindet sich die Villa Cassel. Dieses einzigartige Bauwerk liess der englische Bankier Sir Ernest Cassel zwischen 1900 und 1902 als Sommerresidenz erbauen. In den Jahren zwischen 1902 und 1914 war dann diese Villa der Treffpunkt einer illustren Gesellschaft aus Politik, Finanzwelt und Wirtschaft. Namhafte Personen schrieben sich in das dicke Gästebuch von Cassel ein, darunter auch Sir Winston Churchill.

Als Cassel kurz nach dem Ersten Weltkrieg – nämlich 1921 – starb, ging das gesamte Vermögen von Cassel in die Hände seiner Enkelin Edwina über. Edwina, später unter dem Namen Lady Mountbatten und als letzte Vizekönigin von Indien bekannt, verkaufte die Villa Cassel der einheimischen Hotelierfamilie Cathrein. Bis Ende der sechziger Jahre war die Villa Cassel ein Hotel.

1974 kaufte der Schweizerische Bund für Naturschutz, SBN, die Villa Cassel und eröffnete in diesem denkwürdigen Gebäude zwei Jahre später das erste Naturschutzzentrum der Schweiz. Eine ständige Ausstellung für Tagesbesucher sowie Kurse mit vorwiegend naturkundlichem Inhalt und ein Alpengarten sollen den Kontakt zwischen Mensch und Natur vertiefen.

Belalp
Der Name Belalp bezieht sich auf das ganze Gebiet zwischen der Kante des Aletschbords und dem Foggen- und Grisighorn. Heute ist für den nördlichen Teil einschliesslich des Hotels und der benachbarten Sennhütten am Aletschbord allgemein der Name «Lüsga» gebräuchlich, während man dem grossen Alpdorf mit der Kapelle aus dem 17. Jh. den Namen «Bäll» gab. Wenn der Name Belalp (Schöne Alp) von den Bergbewohnern stammt, hat das bestimmt seinen Grund. Beim Hotel Belalp, am Rande des Aletschbords, ist die Aussicht von grösster Schönheit. Besonders der unterste Teil des Grossen Aletschgletschers zieht unsere Aufmerksamkeit auf sich. Wir überblicken den mächtigen Eisstrom auf einer Länge von 11 km und einer Breite von 1200–2000 m von

der Seite. Der dunkle Streifen seiner Mittelmoräne zeigt mit aller Deutlichkeit, wie der Gletscher den Formen des Tales folgt. Hier steht man vor einer Fülle von Landschaftstypen, die alle von ehemaligen Gletschern geformt worden sind. Man kann sich den einstigen Aletschgletscher leicht vorstellen, als er bis Belalp und Riederfurka hinaufreichte.

Die Weitsicht ist umfassend. Der Blick fällt 1500 m hinunter auf das Rhonetal und die Stadt Brig. Die Kette der Walliser Alpen ist durch Monte Leone, Simplonpass, Fletschhorn, Mischabelgruppe, Matterhorn und besonders durch das Weisshorn gekennzeichnet. Eggishorn und Fusshörner umschliessen als nächste Bergketten den Gletscher und bilden einen markanten Rahmen.

Nicht vergessen sei, dass sich das Gebiet der Belalp dank den ausgedehnten weitausladenden Hängen und den zweckmässigen Einrichtungen neuerdings auch dem Wintersport verschrieben hat.

Bellwald

Dieses Dorf, im Mittelpunkt eines weiten Gebietes von Wiesen und Feldern auf einer Kuppe hoch über dem Goms gelegen, hat sich seit den fünfziger Jahren zu einem beachtlichen Touristenort entwickelt. Neue Hotels und zahlreiche Chalets bieten den Gästen eine heimelige Unterkunft an. Zeitgemässe Transportanlagen und ein gutausgebautes Wanderwegnetz stehen ihm im Winter wie im Sommer zur Verfügung.

In den engen Gassen dieses Dorfes oder über den Kontrast der 1610 erbauten Barockkirche zu den sonnenverbrannten umliegenden Gebäuden könnte man leicht ins Schwärmen geraten.

Doch wird hier einmal mehr – und dies stellvertretend für viele Walliser Dörfer – ein brennendes, viel Besorgnis auslösendes Problem sichtbar: die Erhaltung oder der Verlust der alten Nutzbauten, der Ställe und Speicher. Am östlichen Dorfrand steht ein neuer Gemeinschaftsstall, dessen Grösse und Kapazität so ziemlich alle alten Nutzbauten im Dorfe überflüssig macht. Was soll nun mit den alten Bauten geschehen? Ohne Unterhalt gehen sie früher oder später zugrunde. Mancherorts mögen sie noch unverfälscht erhalten werden, sei es aus Pietät oder als Tourismusattraktion – aber ohne Mist und Jauche längs der Gassen. Dass dies eher die Ausnahme sein wird, beweisen der häufig feststellbare Zerfall oder die bedauernswerte Verunstaltung durch dilettantische Eingriffe.

Was hier auf dem Spiel steht, ist die sichtbare Bewahrung der Zeugen einer jahrhundertealten Kultur.

Bettmeralp

Bettmeralp war bis 1930 ein stilles Alpdörfchen mit einigen Alphütten und der sehr schönen Alpkapelle Maria zum Schnee. Diese Kapelle wurde im Jahre 1679 in einer Zeit des Friedens und des Wohlstandes erbaut. Auf einer gegen das Tal hin leicht abfallenden Kuppe stehend, wirkt das Sakralgebäude innerhalb der Häuschen-Ansammlung wohltuend ordnend und ist zum eigentlichen Wahrzeichen der Bettmeralp geworden. Besonders zu erwähnen sind die drei schmucken Altäre; die zentrale Muttergottes wird Johann Ritz zugeschrieben. 1950 wurde eine Luftseilbahn nach Betten und 1952 eine nach Bettmeralp erbaut, und eine zaghafte touristische Entwicklung setzte ein. Heute gehört Bettmeralp mit 4000 Gastbetten zu den 10 grössten Ferienorten des Wallis. Bettmeralp liegt im Zentrum des einzigartigen Wandergebietes Aletsch. Mit dem Sessellift oder der Gondelbahn Bettmerhorn gelangt man mühelos zum Ausgangspunkt der Wanderungen nach Aletschwald, Bettmerhorn und Märjelensee. Aber auch in der näheren Umgebung des Ferienortes, der über ein reichhaltiges Sportangebot verfügt, gibt es zahlreiche Möglichkeiten für geruhsames Wandern. Ob auf schmalen Pfaden oder breiten Wanderwegen, immer wird die Sicht auf die Walliser und Berner Alpen überwältigend sein.

Bettmersee
Was wäre die Bettmeralp ohne den lieblichen Bettmersee! Man ist überrascht, in diesem Seelein Elritzen und Forellen zu erblicken. Diese Fische wurden vor langer Zeit hier ausgesetzt. Im Jahre 1343 hatte Guichard Tavelli, Bischof von Sitten, den Pfarrherren von Ernen bewilligt, zweimal pro Woche im Bettmersee zu fischen. 1344 wurde dieses Recht auf Fiesch übertragen. Bei der Aufhebung des Klosters Fiesch im Jahre 1480 fiel das Fischereirecht wieder an den Pfarrer von Ernen zurück. Heute ist es im Besitz der Gemeinde Betten.

Biel
Eine wohlgeformte Terrasse bildete die Vorbedingung für die Anlage dieses Ortes, der im Mittelalter eine besondere Bedeutung hatte. Die Viztume der Grafschaft – Beamte des Bischofs, die hier residierten – dehnten ihren Machtbereich von Blitzingen bis Gluringen aus. Die Pfarrkirche, 1654 vergrössert, besitzt ein gotisches Sakramentshäuschen aus Serpentinstein, verschiedene Standbilder von Meister Johann Ritz sowie eine in den letzten Jahren renovierte, wohlklingende Orgel. Das Dorf wurde 1827 von einer Lawine teilweise verschüttet.

Binntal
Das Binntal ist ein Seitental des Goms, das beim Weiler Binna in einer langen und tiefen Schlucht ins Rhonetal ausmündet. Beim obern Ausgang der Twingischlucht verzweigt sich das Tal fächerartig in viele Seitenäste gegen die italienische Grenze hin.
«Kaum im Tale angelangt, empfindet der Besucher einen befreienden Eindruck. ·Er bestaunt die grosse Ausdehnung des Gebietes, die hohen Gipfel, die Wälder und Felder, das Strömen der Wasserläufe, die vielen kleinen Dörfer und die imposante Lage der Kirche auf einer Rippe mitten im Tal. Das ausserordentlich Malerische dieser Gegend ergibt sich ganz natürlich aus ihren harmonischen Verhältnissen» (Pierre Favarger).
Die geologische Beschaffenheit dieses weiten Gebiets weist ein schmales Band kalkhaltigen Bitterspat (Dolomit) und von Grengiols nach Fäld im Binntal, wie im Rappental, ein breites Band Glanzschiefer auf, ferner Dolomitbänke im obersten Teil des Tales und eine breite Schicht Antigoriogneis mit einer Menge Serpentingestein am Geisspfad. In Lengenbach, in einem Seitental des Binntals, das zum Geisspfadsee führt, ist der blendendweisse Bitterspat ausserordentlich reich an Kristallen und gilt als die reichste Ablagerung dieser Art in Europa. Die Mineralogen haben sich für dieses Gebiet sehr interessiert, als erster der Domherr Murith, hernach verschiedene Priester der Gegend, vor allem Theodor Walpen, der von 1867 bis 1878 als Pfarrer in Binn wirkte. Seit 1732 wird in Lengenbach die berühmteste Mine Europas ausgebeutet. Der Verkauf der Kristalle brachte jährlich bis 10 000 Franken ein. Im Jahr 1958 bildete sich eine Arbeits-

gemeinschaft Lengenbach, welche die Grube bis heute betreute und seither schon recht viele, auch neue Mineralien wie Imhofit zutage förderte. Die technische Leitung hat Tony Imhof inne, der Sohn des berühmten Strahlers Josef Imhof.
Zwei Engländer haben vom Jahre 1731 an im Lengtal, wo eine Schmelzhütte stand, Eisen zutage gefördert. Die Bewohner hegten aber Misstrauen und veranlassten die beiden, die Verträge als ungültig zu erklären und die Gegend zu verlassen (Debuissons: «La vallée de Binn», 1909).
Das Tal war seit der Steinzeit und später in der Eisenzeit bevölkert. Beim Bau des Hotels Ofenhorn wurden 34 Gräber und verschiedene Gegenstände gefunden. Wegen seiner steilen Hänge und der reichlichen Niederschläge ist das Tal sehr lawinengefährdet. Am 28. Februar 1888 lag der Schnee mehr als 3 m hoch. Eine Lawine stürzte auf Giessen, zerstörte 23 Häuser, begrub 5 Menschen und 57 Stück Vieh, und das Tal blieb während 17 Tagen von der Umwelt abgeschnitten.
Binn ist eine kleine Gemeinde und Pfarrei, deren Einwohner sich mit Viehzucht und Waldwirtschaft beschäftigen. Sie besitzen zahlreiche Alpen und ziehen Nutzen aus dem Verkauf der Käse. «Alles atmet Frieden und Stille über diesen bescheidenen, mit grossen Schieferplatten gedeckten Dächern, welche die schwarzen Holzhäuser mit den weissen Fensterbalken schirmen. Die Gebäude stehen in zerstreuten Gruppen, deren bedeutendste, Schmidigehischere, sich im grünen Talgrund um eine weisse Kapelle schart, welche die Klarheit der Umgebung versinnbildlicht. Alle Menschen, die in der Unruhe der Zeit in einem Wirbel von Freude und Angst fortgerissen werden, empfinden das Binntal in seiner klaren Frische als die Stätte des Glücks» (Pierre Grellet).

Dörfer und Weiler des Binntales
Fäld. Die schmucke Siedlung liegt am Rand des «Feldes» (Fäld!), eines jäh abfallenden Hangplateaus. Nahe dem westlichen Dorfrand steigt die malerische Gasse gerade aufwärts. Die Nutzbauten stehen mehrheitlich im Osten, wo schlanke Speicher, zum Teil auf Mauerpfeilern, die Schauseite des Dorfes hoch über dem Steilabfall des Grabens entscheidend prägen. Da unmittelbar nach dem Brand von 1598 sieben bis acht der vierzehn Wohnhäuser wiederaufgebaut wurden, zählt Fäld zu den homogensten Siedlungen des Goms.

Giesse. Der streusiedlungsartige Weiler umfasst die wohl von Lawinen gelichtete Siedlung bei der Kapelle im Talgrund, ferner Ebmet auf einem linksufrigen Hangplateau und die lieblichen Weiler am rechten Talhang, «Ober» und «Unner Holzershischere» (Holzhäusern).

Heiligkreuz im Lengtal. Die auf kreuzförmigem Grundriss erbaute Wallfahrtskapelle des hl. Kreuzes stammt aus dem 3. Viertel des 17. Jh. Am Chorgitter sind das Gommer Wappen und die Jahreszahl 1703 angebracht. Ein Dachreiter mit achtseitigem Helm betont die Vierung, die im Innern durch einen Schwibbogen gegen das Schiff hin deutlich abgesetzt ist. Alle Gewölbe sind gemauert. Eine mit isolierten Stichkappenpaaren gegliederte Tonne überspannt das Schiff, Kreuzgratgewölbe die übrigen Räume. Der Hochaltar von 1681 ist eine Stiftung des späteren Meiers Johannes Bodenmann (Initialen und Wappen in der rechten unteren Ecke des Altarblatts). Der bekrönende Gottvater ist die einzige Skulptur am Retabel; das Altarwerk weist aber um so reicheren Dekor an Säulen, Friesen und Randranken auf. Das Altarblatt mit der zeitgenössischen Darstellung Jesu am Kreuz ist vielleicht von der Niedererner Malerfamilie Holzer gemalt worden.

Schmidigehischere. Die strassendorfartige Siedlung am rechten Ufer der Binna war früher deutlich von dem eindrücklichen Nutzbautenquartier am vorderen Eingang des Dorfes getrennt. Nach den zahlreichen prähistorischen Funden zu schliessen, war Schmidigehischeren (Schmidigenhäusern) auch schon früher die Hauptsiedlung des Tales (es gibt keine Siedlung mit dem Namen Binn!). Die am Giebel der Mauerbrüstung auf 1564 datierte elegante Bogenbrücke, die zusammen mit der Pfarrkirche vor den Lawinenschründen des Breithorns das Wahrzeichen von Binn darstellt, verbindet mit den wenigen Häusern am jenseitigen Ufer. Bei der Brücke steht auch die barocke Antoniuskapelle von 1690 (Jahreszahl und Sonnenuhr aussen an der Stirn des polygonalen Chors). Die malerische Einheit von Brücke und Kapelle ist leider durch ein Kioskgebäude beeinträchtigt.

Wilere. Der kleine Weiler auf dem lawinensicheren Hangplateau nahe der Gabelung von Binn- und Lengtal ist mit der Pfarrkirche des Tales kirchlicher Mittelpunkt. Das ausserordentliche Ortsbild der am Ostrand des Plateaus niedersteigenden Siedlung hat durch den Abbruch von Nutzbauten leider an Vielfalt verloren. In der wohl 1561–1565 erbauten Pfarrkirche des hl. Erzengels Michael bestehen Teile des ersten Gotteshauses aus dem Ende des 13. Jh. fort (Jahreszahl 1561 über den Schallöffnungen des Turms). Der heutige barocke Charakter des Innern geht auf die Einwölbung von Schiff und Chor um 1678 zurück. Restaurierung durch Arch. A. Cachin, Brig, unter Aufsicht der Eidgenössischen Denkmalpflege 1958–1963. Die Kirche steht burgartig auf dem unteren Rand des abfallenden Plateaus, vor der grossartigen Kulisse des Breithorns. Der eingezogene Turm und die Sakristei in der Achsel von Schiff und Chor ergeben einen kompakt gefügten Baukörper mit vielfältiger Dachlandschaft. Unter der Walmhaube des Vorzeichens öffnet sich das mit herbem Renaissance-Dekor versehene Rundbogenportal aus Giltstein (einer Art Chloritschiefer) von 1565; im linken Zwickel Wappen der Pfarrei Ernen. Das ähnliche, aber kämpferlose Seitenportal rahmt heute die Gedenktafel für Staatsrat Oskar Walpen (1883–1931) und für die verstorbenen Soldaten der Grenzbesetzung 1939–1945.

Zen Binnen. Der kleine Weiler, der auf der Hügelkuppe über dem Zusammenfluss von Binna und Lengtalwasser die Kapelle umringt und nach Süden hin mit hochgestelzten Bauten – einem Wohnhaus und einem Speicher – eine straffe Schaufront bildet, zählt zu den bemerkenswertesten Siedlungseindrücken des Wallis. Zum lieblichen Bild passt der Rahmen, den Heuställe in lockerem Halbkreis um den südlichen Fuss des Hügels legen.

Heimatmuseum. In der einstigen Dépendance des Hotels «Ofenhorn» ist heute das Binner Heimatmuseum eingerichtet. Eine wichtige Rolle spielten und spielen die Werkzeuge, die der Holzernte und -bearbeitung dienen. Ausgestellt sind Instrumente, die die Binner brauchten, um Bäume zu fällen, Schindeln herzustellen oder «Tuchje» (Tüchel, hölzerne Wasserleitungsröhren) anzufertigen. Zu sehen sind auch Bastsättel (Tragsättel für Saumtiere). Neben der Arbeit pflegten die Binner auch die allen Bergbewohnern eigene Leidenschaft – die Jagd. Flinten und Gerätschaften für das Kugelgiessen belegen die Passion. Halb Broterwerb, halb Fieber war das Strahlen (Kristallsuchen), was weitere Objekte belegen. Und Skis waren damals nicht Sportgeräte, sondern Mittel zur Fortbewegung; auch davon gibt es Zeugen im Binner Museum. Nach dem Besuch wird uns ein weiteres Mal klar, dass das Hier und Heute einer Talschaft nur aus der Vergangenheit heraus zu begreifen ist.

Bister

Bister ist eines der kleinsten Walliser Bergdörfchen und liegt in ruhiger Lage am Südhang über Mörel, östlich vom Gifrischgrabe. Politisch bildet Bister eine selbständige Gemeinde, kirchlich jedoch ist es Mörel zugehörig.
Ein stattliches, zweigeschossiges Schulhaus, seit 1971 nicht mehr benutzt, steht am Eingang der Dorfsiedlung. Ein Kleinladen mit einer heimeligen Gaststube folgt auf der linken Seite, bevor man weiter hinten mehrere Bauernhäuser und Chalets und die schmucke Dorfkapelle erreicht. Trotz der guten, geteerten Zufahrtstrasse von Mörel herauf ist die Abwanderung unaufhaltsam. Obwohl die Lage hier oben einzigartig ist, wandern die meisten jüngeren Leute ab und kehren der Scholle den Rücken; sie suchen die Idylle höchstens in den Ferienmonaten auf. Aber wen wundert's, wenn die Kinder schon in den Primarschuljahren entwurzelt und so dem Dorf entfremdet werden!

Blatten

Von Naters führt eine gutausgebaute Strasse mit Postautodienst hinauf nach Blatten, einem kleinen Dorf auf 1300 m. Der alte Dorfteil mit der schmucken Theodulskapelle aus dem 15. Jh., mit jahrhundertealten Wohnhäusern und Spychern ist sehr gut erhalten. Das Dorf zog in den vergangenen Jahrzehnten zahlreiche Feriengäste an, die sich auf dem östlichen Teil der bewaldeten Anhöhe in vielen Chalets häuslich einrichteten. Politisch und kirchlich gehört Blatten zur Gemeinde Naters.
Von Blatten erreicht man mit einer modernen Luftseilbahn die Belalp. Von der Zwischenstation der Bahn aus gelangt man auf einem Strässchen zum Feriendorf Tschuggen, dessen 100 neue Chalets in beneidenswert schöner Hanglage stehen.

Blitzingen

Dieses halbmondförmige, in eine Mulde geduckte Dorf wurde nach dem verheerenden Dorfbrand von 1932, bei dem nur die etwas abseits stehende Kirche verschont blieb, vollständig neu aufgebaut. Hier wurde 1819 Alexander Seiler geboren, der den Touristenort Zermatt «erfand» und eine berühmte Hotelierdynastie begründete. Im Weiler Ammere befindet sich ein sehr schönes Heimatmuseum, das durch Privatinitiative entstanden ist.

Bortel

Bortel nennt sich der langgezogene Alprücken am Fusse des Bortelhorns, zwischen dem Steinutal und dem Furggenbaum. In früheren Jahren wurde die Bortelalp stets mit Grossvieh und einer Anzahl Schweinen bestossen, war doch der Zugang von Berisal her über Steinumatta recht gut ausgebaut, und eine grosse Stallung und die angeschlossene Sennhütte waren in besserem Zustand als mancherorts in dieser Gegend. Infolge Mangels an Alppersonal geriet auch diese Alp mehr und mehr in Vergessenheit.

Brig-Glis
In Brig verbreitert sich das Rhonetal, und eine weite Terrasse dehnt sich über dem Südhang der Rhone aus. Man schreibt sie der Erosionstätigkeit des Rhonegletschers zu, der vom mächtigen Aletschletscher gegen Süden zurückgestossen wurde und sich tief in den Schiefer einfrass. Die so gebildeten Landschaftsformen waren für die Anlage der Siedlungen Glis, Brig, Ried/Brig und Termen sehr geeignet. Brig-Glis (10 000 Einwohner), in der Mitte dieses Halbkreises gelegen, Hauptknotenpunkt der Eisenbahnlinien Simplon, Lötschberg, Furka und Ausgangspunkt der Simplon- und Furkastrasse, war als Hauptstadt des Oberwallis prädestiniert. Im 17. Jh. entwickelte sich Brig stark, weil der Verkehr über den Simplonpass sehr rege war. In diesem Zeitabschnitt wurden schöne Gebäude errichtet, deren bemerkenswertestes der Stockalperpalast ist, zwischen 1658 und 1678 von Kaspar Stockalper erbaut, einem grossen Handelsmann. Der Palast ist ein hoher, vierstöckiger Bau mit grossem Hof, der von drei übereinanderliegenden Bogengängen und Säulen aus Tuffstein umschlossen ist. Drei Türme aus Quadersteinen mit aufgesetzten zwiebelförmigen Kuppeln beherrschen den Bau. Dieser Palast ging 1948 in den Besitz der Gemeinde Brig über.
Das Kollegium und seine Kirche wurden 1675–1785 im Barockstil erbaut. Der Hochaltar ist aus geschliffenem Serpentinstein. Die St.-Sebastian-Kapelle stammt aus dem 17. Jh. Auf dem Platz steht das Chavez-Denkmal, zur Erinnerung an das erste Überfliegen des Simplons im Jahre 1910 errichtet.
Früher gehörte Brig zur Pfarrgemeinde von Naters, welches vor 1517 auch Hauptort des Zehnden war, und seither bis 1957 zur Pfarrkirche Glis. Dieses Gotteshaus weist Anfänge der Renaissance auf, verbunden mit Spätgotik. Der Chor stammt von 1540; das Querschiff wurde 1519 von U. Ruffiner, das Schiff 1642 durch die Brüder Bodmer erstellt. Der Hochaltar ist ein grosses gotisches Triptychon von 1480 mit bemalten Flügeln, ebenso derjenige in der St.-Anna-Kapelle von 1519. Kanzel und Taufstein im Renaissancestil datieren von 1674–1676. Der Glockenturm wurde 1519 wiederaufgebaut. Brig-Glis besitzt seit 1970 eine eigene moderne Pfarrkirche.

Brigerbad
Brigerbad, ein stark besonntes Dorf, gehört seit 1972 als Ortsteil zur Stadtgemeinde Brig-Glis. Weiterhum bekannt ist Brigerbad durch sein Heilbad. Neu vorgenommene Grabarbeiten haben zu einem Ergebnis geführt, das diesem alten, lange verwahrlosten Bad neuen Auftrieb gibt, handelt es sich dabei doch um die Heilquellen, die bereits im Mittelalter bekannt waren. Anfänglich war diesem Bad allerdings kein grosser wirtschaftlicher Erfolg beschieden; dessen Besitztum ging rasch von Hand zu Hand. Um 1520 erwarb Landeshauptmann Peter Owlig die warmen Heilquellen und beauftragte den grossen Baumeister Ulrich Ruffiner, die Quellen neu zu fassen und den Zufluss kalter Wasser zu unterbinden, was diesem offenbar glückte, da der Badebetrieb in der Folge zu grosser Blüte gelangte. Landeshauptmann Owlig vergrösserte das bereits bestehende Gasthaus, vermehrte die danebenstehenden Badehütten, legte schattige Spazierwege an und pflanzte an den Badhalden auch Reben. Am 11. Mai 1527 verpachtete Owlig Bad und Gasthaus für sechs Jahre an Nikolaus Aventirer von Zürich.

Nach dem Tode von Landeshauptmann Peter Owlig führten seine Töchter das Gasthaus mit dem Badebetrieb weiter. Später ging es an den Stockalper über. Im Laufe des 17. Jh. wurde das Brigerbad durch Felsstürze und durch Überflutungen der Rhone verwüstet. Ein einfacher Badebetrieb wurde jedoch stets aufrechterhalten, allerdings ohne dass im Gasthaus noch Gäste hätten aufgenommen werden können. Die Rhone hatte es nämlich bis zum Giebel eingesandet und unbewohnbar gemacht. In seiner topographischen Karte «Brig und Umgebung» hat Matthäus Merian d. Ä. auch das Brigerbad vermerkt. Es muss daher im 17. Jh. noch bekannt und besucht gewesen sein. Hingegen fand Scheuchzer aus Zürich 1705 kein Gasthaus und kein rechtes Bad mehr. Nun blüht auch hier neues Leben aus den Ruinen. Der gegenwärtige Besitzer hat die teilweise verschütteten Quellen wieder vollständig aufgedeckt und gefasst, so dass sie genügend Wasser liefern für eine moderne Badeanstalt mit grossen Schwimmbecken, einem Grottenbad und Einzelkabinen. So dient das Brigerbad heute dem Schwimmsport und Heilzwecken.

Chastler
Chastler ist ein Alpweiler auf einer Hochebene hinter dem Salwald. Die vielen Chalets im alten Walliserstil vermitteln den Eindruck der absoluten Geborgenheit.
Eine kleine Wirtschaft, der ein Proviantladen angegliedert ist, lädt zum gemütlichen Schwatz. Die Kapelle und der 9 m lange Brunnentrog, der aus einem einzigen Lärchenstamm geschnitten wurde, verleihen Chastler den Charakter eines kleinen Dörfchens.

Eggen
Im Jahre 1399 entstand in der Talschaft Simplon eine zweite selbständige Gemeinde: das Freigericht Wald. Heute ist von dieser Gemeinde nur noch die Geteilschaft Eggen geblieben. Das Gebiet der heutigen Eggen-Geteilschaft war damals ziemlich stark bevölkert. Voralpen, die heute nur mehr im Frühjahr und Herbst bewohnt werden, waren damals ständiger Wohnort.
Das Dorf Eggen, also nicht das heutige Eggen, stand auf der linken Talseite in der Gegend von Homatta. In der Nacht des 31. August 1597 stürzte vom Hohmattengletscher eine gewaltige Eismasse auf das Dorf herab. 81 Bewohner fanden den Tod.
Die Überlebenden zogen in der Folge weiter abwärts an die Eggen und bauten hier ein neues Dörfchen, das aber bedeutend kleiner blieb. Laut Inschrift in einer Wohnstube wurde das erste Haus im Jahre 1602 erbaut.
Der Einmarsch der Franzosen im Jahre 1799 fegte alle Freigerichte im Wallis weg. Auch die Eggen-Gemeinde verlor die Gerichtsbarkeit; sie wurde zur Geteilschaft Eggen, wie sie heute noch besteht. In kirchlichen Belangen gehörte Eggen immer zur Pfarrei Simplon. Heute sind in Eggen nur noch zwei Haushalte während des ganzen Jahres ansässig.

Eggerberg
Eggerbergs Einwohner verdienen ihren Lebensunterhalt überwiegend im nahegelegenen Visp bei den Lonzawerken und in verschiedenen anderen Berufszweigen.
Das Dorf liegt an einem sonnigen Hang an der Lötschberglinie, an der sogenannten Südrampe, und ist seit 1902 eine eigene Pfarrei. Obwohl Eggerberg oberhalb von Visp liegt, gehört es zum Bezirk Brig.

Ein Hotel, ein Einkaufsladen und zwei Dorfrestaurants befriedigen die Bedürfnisse der Bewohner und Gäste. Einige kleinere Handwerksbetriebe bieten sichere Arbeitsplätze im Bergdorf. Verkehrsmässig ist Eggerberg nach Visp ausgerichtet und mit dem Postautokurs auf guter Strasse gegen dieses Zentrum erschlossen. Die Landwirte halten zurzeit nur noch 12 Grossvieheinheiten, die Arbeiter hingegen ca. 800 Schafe im Nebenberuf. Die Eggerberger schätzen auch ihren eigenen Wein, den sie in gepflegten Rebbergen ernten.

Ernen

Zur Zeit der Quartärgletscher vereinigte sich der grosse Fieschergletscher im Gebiet von Fiesch–Ernen–Lax mit dem Rhonegletscher. Diese riesige Eismasse weitete das Tal aus. Nach dem Rückzug verblieben Moränenablagerungen, die zur heutigen Fruchtbarkeit dieser Gegend beitragen. Von besonderem Interesse ist das Gebiet von Ernen, ein schöner, sanfter Hang, der gegen Südwesten gerichtet ist und sich vom Weiler Z'Brigg (986 m) über Niederernen bis zur Terrasse hinaufzieht, auf welcher in wunderbarer Lage das Dorf Ernen über den Schluchten der Rhone liegt. Das Kirchspiel umfasst das ganze Gebiet zwischen der Brücke von Z'Brigg und jener von Niederwald, also Niederernen, Mühlebach, Steinhaus und Ausserbinn. Als politische Gemeinden sind Ernen, Mühlebach, Steinhaus und Ausserbinn zu verzeichnen.

Das Dorf Ernen liegt in einer Höhe von 1200 m und fügt sich harmonisch in die Landschaft ein. Seine Gebäude stehen in schön geordneten Gruppen um verschiedene Plätze. Ehemals war es mit Münster Hauptort des Bezirks Goms. Der Bau von Strasse und Eisenbahn am rechten Rhoneufer brachte dem gegenüberliegenden Dorfe Fiesch eine stärkere Entwicklung. So bewahrte das Dorf Ernen das Aussehen, welches es schon Ende des 18. Jh. hatte. Zahlreiche prächtige Häuser, die aus Lärchenholz errichtet wurden und von der Sonne gebräunt sind, verleihen der Ortschaft ein ganz besonderes Gepräge (siehe Anton Carlen: «Zwischen zwei Brücken, die Pfarrgemeinde Ernen, ihre alten Häuser und ihre einstigen Bewohner», 1963). Die weissgestrichenen Fensterrahmen beleben die dunklen Fronten der Häuser, die keinen Balkon, selten Fensterläden, aber zahlreiche Sprüche in den reich mit Möbeln ausgestatteten Stuben aufweisen. Die Bürger von Ernen bauten ihre schönsten Häuser um einen grossen viereckigen Platz, der wie ein Marktplatz angelegt ist. Es sind dies das Tellenhaus (1576), mit dem ältesten Bild Wilhelm Tells geschmückt; das Wirtshaus St. Georg (1766), an der Vorderseite eine geschnitzte mehrfarbige Gruppe aufweisend, die den hl. Georg als Drachentöter darstellt; das Rathaus des Zehnden Goms (1762), das einzige Gebäude aus Stein, mit seinem Archivsaal, der viele wertvolle Schriften enthält; das Schulhaus (1538); das Steger-Haus (1511); das Haus Matthäus Schiner (1603); das Haus Sigristen-Jost (1581); das Pfarrhaus (1567). Der spätgotische Chor der Kirche ist ein Werk R. Ruffiners (1521), ebenfalls der obere Teil des Glockenturms (1510); die Basis ist romanisch. Das Schiff wurde 1864 in neugotischem Stil renoviert und 1964 bis 1968 wieder in den ursprünglichen Zustand versetzt. In Ernen war es, wo der junge Matthäus Schiner, der Kriegskardinal, von seinem Onkel, dem Pfarrherrn, in das Geistesleben eingeführt wurde. In der Kirche wird der zusammenlegbare und tragbare Altar aus dem letzten Viertel des 15. Jh. aufbewahrt, dessen er sich auf seinen Reisen bediente, sowie ein goldener Kelch, mit welchem er das Heiligtum ausstattete. In Ernen stand die Wiege von vier Bischöfen und sieben grossen Landvögten.

Kapelle im Ärnerwald
Auf dem Weg Ernen–Uf en Egga gelangt man auf halber Höhe bei Pt. 1512 zu einer
Kapelle, die ganz einsam im Walde steht. Sie wurde gegen Ende des 17. Jh. gebaut und
der Jungfrau Maria geweiht. Während mehrerer Jahrhunderte war sie ein vielbesuchter
Wallfahrtsort, wovon die zahlreichen Votivtafeln zeugen, die man dort noch bewundern kann. Jedes Jahr steigen am 2. Juli, am Tag Mariä Heimsuchung, die Leute von
Steinhaus, Mühlebach, Niederernen, Ausserbinn und Ernen, welche alle zur Kirchge-
meinde Ernen gehören, in einer Prozession zur Kapelle hinauf, um dort im Freien an
einem Hochamt mit Predigt teilzunehmen. Das Heiligtum wurde 1962 geschmackvoll
und geschickt im alten Stil wiederhergestellt; es ist ein wahres Kleinod. Noch heute
erscheinen die Pilger während des Sommers von weither, um die Jungfrau Maria des
Ärnerwaldes zu besuchen.

Fiesch

Das Goms bildet hier eine Talstufe. Die Rhone hat sie durchschnitten und fliesst in einer
tiefen Schlucht. Das Dorf Fiesch mit seinen schönen alten Häusern und den vielen
Chalets liegt in einer abwechslungsreichen und gut geschützten Landschaft. Seit
Strasse und Bahn durchs Dorf führen, entwickelte es sich zum wirtschaftlichen Zentrum des Bezirks Goms. Dank seiner Lage ist es ein idealer Ausgangspunkt für Wanderungen. Fiesch und Fieschertal sind Klimakurorte und werden dank des milden,
nebelarmen Klimas und der idealen Höhenlage von knapp über 1000 m auch von äl-
teren Gästen für einen Ferienaufenthalt bevorzugt.
Hinter Fiesch zieht sich ein bewaldeter Grat bis zur sonnigen Terrasse von Bellwald
empor. Dieser Riegel entstand durch den Zusammenstoss des Fiescher- und des Rhonegletschers.
Nordwestlich von Fiesch treffen wir auf Wiler mit seinen vielen neuen Chalets, früher
eine selbständige Gemeinde mit eigenem Wald und eigener Alp. Im Jahre 1835 erfolgte
der Zusammenschluss mit der Gemeinde Fiesch. Im Wiler steht auch eine der ältesten
Kapellen der Pfarrei, die Dreifaltigkeitskapelle, 1703 erbaut und in den Jahren 1978/79
total und stilecht renoviert.
Das Fieschertal mit seinen heimeligen Weilern zieht vor allem Touristen an, die das
gemächliche Wandern schätzen. Im Weiler Wichel steht die im Jahre 1688 erbaute
St.-Antonius-Kapelle mit einem wertvollen Altar, geschaffen 1691 vom bekannten
Altarbauer Johann Ritz von Selkingen, der in Kirchen und Kapellen des Goms viele
Kunstwerke schuf. Hinten im Tal befinden sich die kahlen Felsen, die wie ein Totenbett
des grossen, im Rückgang befindlichen Fieschergletschers erscheinen. Ganz besonders zu erwähnen ist das Eggishorn mit seiner einzigartigen Aussicht auf den Grossen
Aletschgletscher. An seinem nördlichen Fuss befindet sich der Märjelensee, der an eine
Polarlandschaft erinnert. Auf der Südseite dehnt sich vom Kühboden über Bettmeralp
bis zur Riederalp eine weite Alpenterrasse aus, die schönste Höhenwege mit Fernblik-
ken auf die Walliser Alpen bietet. Unweit von Fiesch, auf der linken Talseite, liegt
inmitten prächtiger Wiesen das historische Dorf Ernen. Sein Rathaus, das Tellenhaus
mit seinen alten Malereien, das Schulhaus und die schöne alte Kirche sind Zeugen einer
bedeutenden historischen Vergangenheit. Das Binntal, bekannt durch seinen Reichtum an Kristallen, wird von Ernen aus erreicht (vgl. hierzu auch die betreffenden Stich-
wörter).

Ein südwestlich von Fiesch gelegener Wald bot den idealen Rahmen für den Bau des Ferienzentrums, dessen Zustandekommen der Zusammenarbeit privater Initiative und der Eidgenossenschaft zu verdanken ist. Jugendgruppen aus der Schweiz und dem Ausland finden hier Unterkunft für Kurse, Landschul- und Sportwochen oder auch für Erholungsaufenthalte. Unterkunft 1000 Betten. Im günstigen Pensionspreis ist jeweils die Benützung des Hallenbades und der Sporthalle inbegriffen.

Finnu

Finnu am Weg zwischen Chastler und Eggerberg ist ein kleines Sommerdorf am Sonnenhang über dem Rhonetal. Bis zum Jahre 1449 gehörten die Geteilschaften Mund-Finnu-Bodma und Biel zum Bistum Raron; sie kauften sich im genannten Jahr von Bischof Wilhelm von Raron los und schlossen sich teilweise zum Freigericht Finnen (Mund) zusammen. Die Kapelle von 1677 wurde vermutlich von einem Meier des Freigerichts Finnen gestiftet. Neben dem der Gottesmutter geweihten Flügelaltar sind der Stifter und seine Frau in alter Tracht kniend dargestellt.

Geschinen

2 km von Münster talaufwärts kündet ein Kirchturm, aus dem das vorige Jahrhundert ein lustiges, originelles Minarett gemacht hat, die Sebastianskapelle von Geschinen an. Das Dorf duckt sich am Ende eines Kegels am Fusse des Berges, von einem bewaldeten Grat geschützt. Geschinen weist auch eine Sagengestalt auf:

Wegerbaschi. Der Wegerbaschi stammte aus Geschinen und war ein Riese an Gestalt und Kraft. Einst ging er nach Sitten auf den Markt. Dort trug er zum Spass die schwerste Kuh auf den Armen durch die Stadt, als wäre es ein kleines, leichtes Kälblein. Alle staunten. Das Ereignis kam auch dem Bischof zu Ohren, und er liess den Wegerbaschi rufen, er möchte doch grad gern sein stärkstes Diözesankind sehen. Weil der Bischof Freude an ihm empfand, gestattete er, als Erinnerung einen Sack voll Korn aus seinen Kästen nach Hause zu nehmen. Baschi war damit einverstanden, nur der Verwalter schaute gross, als Baschi mit einem mächtigen Strohsack, einer «Bissagga», erschien, um das versprochene Korn zu fassen. Er meldete es dem Bischof. Dieser empfand wieder Freude daran und liess den Strohsack mit Korn füllen. Baschi solle es aber nach Hause tragen, ohne einmal zu ruhen. Zur Kontrolle schickte der Gnädige Herr einen Knecht mit.
Beide schritten tapfer talaufwärts, bis der Knecht kaum mehr Schritt halten konnte, und in Mörel war er todmüde. Dort hingen aber reife Kirschen an einem Baum. Baschi gelüstete es danach, und mit einem kräftigen Ruck samt Last erwischte er den Ast, so dass er und das Knechtlein sich daran gütlich tun konnten. Dem Begleiter war diese neue Kraftprobe doch zu viel. Er verabschiedete sich und kehrte nach Sitten zurück mit dem Bericht, für Baschi sei diese Last ein Spiel.
Nach einer Woche soll Baschi dem Bischof ein tüchtiges Roggenbrot, aus diesem Korn gebacken, nach Sitten gesandt haben.

Gletsch

Das Hotel von Gletsch und seine Nebengebäude stehen am Eingang eines breiten Talbeckens, das vom Rhonegletscher gebildet wurde. Um die Vielfalt der Flora dieser

Gegend eindrücklich vor Augen zu führen, wurde im Sommer 1986 für die vielen Touristen hinter dem Parkplatz ein Lehrpfad errichtet. Gletsch ist auch Ausgangspunkt zu den Alpenpässen Grimsel und Furka.

Gluringen

Das Dorf liegt am nordöstlichen Ende eines breiten Schuttkegels. Die schmucke Kirche stammt aus dem 15. Jh.; das Schiff wurde 1701 vergrössert. Der Turm datiert von 1872. Die im Wallis sozusagen selbstverständliche Gegebenheit der «Kirche im Dorf» wird wie in den meisten Gommer Dörfern auch hier deutlich. Das Äussere der Kirchen ist meist ziemlich schlicht und lässt kaum auf den oftmals vorhandenen Reichtum des Innern schliessen.

Ein immer wieder neues Erlebnis in den Dörfern des Goms ist das Holz als Baustoff. Es ist nicht das lackierte Holz der Chalets, sondern jenes, das von Sonne und Wetter bearbeitet ist, an dem in zunehmendem Alter die harten Jahrringe, die Verwachsungen und Äste um so kräftiger die natürliche Struktur erkennen lassen.

Goms

Die Wasser der Rhone und ihrer Zuflüsse haben unter Mithilfe der Gletscher das breite Tal des Goms eingegraben, einer Vertiefungsfalte folgend, die aus weicheren, schieferigen Dolomitfelsen bestand. Im Südosten übersteigt die Alpenkette, welche das Goms von Italien trennt, nicht 3000 bis 3300 m. Die markanten Gipfel sind Helsenhorn, Ofenhorn, Blinnenhorn und Pizzo Rotondo. Diese Kette ist zum Teil aus kristallinem Sedimentgestein gebildet, welches unter Hitze und Druck zur Zeit der Entstehung der Alpen gefaltet wurde. Im Nordwesten erhebt sich das breite Aaremassiv, das aus sehr harten Granit- und Gneisfelsen besteht und einige Gipfel aufweist, die 4000 m erreichen, wie Aletschhorn, Finsteraarhorn und Fiescherhorn. Seine Breite und Höhe begünstigen die Bildung grosser Gletscher. Das Einzugsgebiet der Rhone bis nach Fiesch weist eine Fläche von 532 km² auf; 111 km² (21%) sind Firn und Gletscher, 147 km² (28%) Fels und Geröll; total 49% des Bodens sind unproduktiv. Das Klima hängt von der Bodengestaltung ab. Die hohe Kette der Walliser Alpen hält die feuchten Luftmassen von Süden her meist so auf, dass im Rhonetal keine Niederschläge erfolgen. Daher rührt die Trockenheit im Mittelwallis bis nach Brig. Im Goms, wo die Südostkette weniger hoch ist, strömen riesige feuchte Luftmassen über das Tal und über das Aaremassiv, wo sie zu reichlichem Niederschlag führen. Die jährlichen Niederschlagsmengen nehmen von Brig bis zur Furka gleichmässig von 728 bis 1960 mm zu.

Bei den Landschaftsformen unterscheidet man zwei Typen. Das untere Goms bis nach Fiesch ist ein ziemlich tief eingeschnittenes, V-förmiges Tal; das obere Goms ist ein regelmässiger Taltrog, von den Quartärgletschern ausgeglichen, hernach von der Rhone, den Wasserfällen und den Bergstürzen mit Erosionsmaterial aufgefüllt.

Die Flora des Goms ist im untern Teil bis zur Stufe von Deisch noch ziemlich reichhaltig. Weiter oben wird sie dürftig, weil die Kristallinfelsen vorherrschen. Üppiger erscheint sie wieder im Gebiet des Grimsel-, Furka-, Gries- und Nufenenpasses. Dennoch finden sich einige besondere Arten im Goms, wie Feldrose, die im übrigen Wallis fehlt, Myrtenblättrige Weide, Langblättriger Sonnentau, Grosse Sommerwurz, Langblättriges Laichkraut, mehrere Riedgräser und eine Anzahl von Habichtskräutern. Abgesehen von den vielen Hirschen ist die Tierwelt spärlich, ausgenommen im Gebiet zwischen

Riederalp und Fieschertal, wo sie im Aletschreservat und im eidgenössischen Frei-
bezirk Aletsch–Bietschhorn geschützt ist.
Vorgeschichtliche Funde beweisen, dass das Tal in der Steinzeit und vor allem in der
Bronzezeit schon bewohnt war. Während der Besetzung durch die Römer verwaltete
der Statthalter von Rätien auch das Rhonetal, und aus dieser Zeit stammen die Verbin-
dungen über die Pässe und durch das Goms. Gegen das 9. Jh. drangen die Alemannen
über die Grimsel ein, nicht aber über die Furka, denn der Schöllenenweg wurde erst im
13. Jh. eröffnet. Die zahlreichen Namen mit «ingen» rühren von den Alemannen her. So
entstand der kräftige Volksschlag der Walliser, der seiner Herkunft sehr treu geblieben
ist. Das dürftige Leben im Tale hat jedoch die Bewohner genötigt, in die benachbarten
Täler auszuwandern, nach Italien, Graubünden und Tirol, wo diese Kolonien noch
heute unter dem Namen Walser bekannt sind. Das italienischer Pomat/Formazzatal
sowie Bosco/Gurin im Tessin haben ihre Walliser Eigenart bewahrt. Die Häuser der
Dörfer und Maiensässe sind gleich; die Kinder müssen zwar in der Schule italienisch
sprechen, aber daheim bringen ihnen die Eltern die harten und rauhen Laute der Walliser Mundart bei.
Die Kunst hat sich im Goms mehr entwickelt als in jedem andern Tal des Wallis. Goti-
sche Kunstwerke sind gut erhalten in den Kirchen von Ernen und Münster sowie in
mehreren Kapellen. Vom 15. und 16. Jh. an gab es ein wahres Wiederaufleben der
Kunst. Kardinal Schiner berief fähige Architekten und Baumeister, von denen der berühmteste Ulrich Ruffiner war. Auf die Gotik folgte die Barockkunst. Von 1660 an
wurden im Zeitraum von 150 Jahren mehr als 70 Kirchen und Kapellen gebaut sowie
das prächtige Tafinerhaus in Reckingen und andere schöne Gebäude. Viele der Gottes-
häuser wurden von eingesessenen talentierten Künstlern verziert und ausgeschmückt.
Darunter befinden sich die berühmten Holzschnitzer der Familie Ritz, der Maler
J. J. Pfefferle und der Orgelbauer Carlen.
Das Goms mit seinen leicht zugänglichen Pässen war zu allen Zeiten ein Durchgangs-
gebiet. Im 17./18. Jh. zogen jede Woche über 200 Pferde und Maultiere über die
Berge. Zwischen 1850 und 1860 wurde die Talstrasse gebaut. Der 1906 eröffnete
Simplontunnel brachte aber den Handel zum Stillstand. Dafür wurde nun das Goms
zum grossen Durchgangsweg des Fremdenverkehrs. Von 1937 bis 1955 erfolgte der
Ausbau der heutigen Strasse, und die Furka-Oberalp-Bahn schuf die Verbindung zwischen den weltberühmten Touristenzentren Zermatt und St. Moritz. Die Haupter-
werbsquelle der Gomser Bauern blieb aber nach wie vor die Viehzucht. Es wird eine
braune, kleine und starke Rasse gehalten. Im Winter wird das Vieh mit den Heuvorräten
aus Wiesen und Maiensässen gefüttert. Den Sommer bringt es auf den Alpen zu, von
denen das Goms zahlreiche besitzt. Es werden auch viele Schafe gehalten, die den
ganzen Sommer über frei in den Bergen weiden.
Im Winter gestaltet sich das Leben der Dorfbewohner in besonderer Art. Die Dörfer des
obern Goms liegen zwischen 1251 und 1388 m ü. M. Sie befinden sich so nahe bei den
Maiensässen, das es nicht nötig ist, sich dort vorübergehend einzurichten. Deshalb
wurden nur Ställe gebaut, wo das Vieh untergebracht, jeden Morgen versorgt und
gemolken wird; die Milch trägt man in die Dorfsennerei, oder sie wird von der Zentralkäserei Ernen abgeholt. Daher kennt der Gommer das anderswo so verbreitete Herum-
ziehen der Alpbewohner nicht.
Die Häuser sind im gleichen Stil gebaut wie diejenigen im Mittelwallis: Sie weisen 2 bis

4 Stockwerke auf, und die weissgestrichenen Fensterrahmen stehen in schönem Kontrast zum dunklen Lärchenholz. Jedes Stockwerk enthält gewöhnlich eine grosse und eine kleine Stube. Ganz besonders fällt in diesem Tale die Schönheit der gut proportionierten Häuser auf. Sie stehen in Dörfern beisammen, die in ihrer Sauberkeit einen prächtigen Anblick bieten. Rings um die Wohnhäuser gibt es zahlreiche Heustadel und Getreidespeicher auf Sockeln mit Steinplatten sowie Scheunenställe. Die Zerstükkelung des Bodenbesitzes ist enorm. In Münster zählt man auf 15 ha 417 Grundstücke, und die 380 ha Gemeindeboden weisen 6000 Teile auf.
Der Ursprung dieses Brauches ist zum grossen Teil in der ausgeprägten Verschiedenheit des Berglandes zu suchen.
Die Ausnützung der Wasserkräfte des Tales ist fast vollständig. Eine Ableitung in Gluringen speist die Zentrale von Ernen. Von dort wird das Wasser in eine zweite Zentrale in Mörel geführt, wo ein anderes Werk das Wasser der Massa nützt, welches beim Ausfluss aus dem Grossen Aletschgletscher gefasst wird, und endlich wird all dieses Wasser in Mörel wieder gefasst für die Zentrale in Massaboden.

Gondo-Zwischbergen (Ruden)
Die kleine Gemeinde Gondo-Zwischbergen an der Landesgrenze besitzt einen sehr umfassenden und fundierten geschichtlichen Hintergrund. Das ganze heutige Zwischbergental bot früher zahlreichen Grossfamilien ein bescheidenes Auskommen in der Land- und Alpwirtschaft. Erst nach und nach wurde das Tal fast entvölkert. Viele Gründe mögen den Ausschlag hierzu gegeben haben, vor allem aber waren es wohl die Verdienstmöglichkeiten der jüngeren Generationen, die mehr und mehr ausserhalb des Wohnortes ihrem Beruf nachgingen. Im Winter war das Tal ohnehin oft von der Umwelt abgeschnitten oder nur unter grösster Gefahr passierbar. Die Bewohner unten im Dorfe Gondo finden meist Stellung beim Zoll, bei der Festungswache, dem Kraftwerk oder in Dienstleistungsbetrieben, während andere täglich über italienisches Gebiet durch den Simplontunnel nach Brig zur Arbeit und zur Ausbildung fahren.
Gondo befindet sich am unteren Ende der engen Gondoschlucht, die lange Zeit als unbezwingbar galt. Immerhin steht fest, dass die Saumstrasse des Kaspar von Stockalper durch die Gondoschlucht führte und dass Napoleon seine Simplonstrasse durch enge Felsgalerien anlegte, während man weiss, dass ein Römerpfad das italienische Varzo über Trasquera und Alpjen mit der Gegend von Simplon Dorf verband.
Seit dem 17. Jh. wurde am Eingang des Zwischbergentales Gold abgebaut. Der grosse Turm in Gondo wurde von Kaspar von Stockalper als Sust errichtet.
Gondo besitzt seit Ende des 15 Jh. eine eigene Pfarrkirche (Vertrag von 1495), während es vorher während Jahrhunderten der Pfarrei San Marco angegliedert war (Ruine nahe der italienischen Landesgrenze).

Grengiols
Grengiols ist ein schönes Bergdorf, am Südhang über der Rhone im Schutze einer Mulde gelegen. Die Gegend ist sehr fruchtbar und der Boden für die Landwirtschaft geeignet. Das sympathische Dorf wurde am alten Furkaweg errichtet.
Leider wurde das Bauerndorf durch eine fast totale Feuersbrunst im Jahre 1799 in bittere Armut gestürzt, als die österreichischen Truppen auf der Flucht vor den Franzosen Grengiols in Schutt und Asche legten. Nur dem Fleiss und der Zähigkeit der

damaligen Bewohner ist der Wiederaufbau zu verdanken. Grengiols weist eine Fläche von 58 ha auf und ist seit 1634 eine eigene Pfarrei.

Die heutige Bevölkerung lebt hauptsächlich von der Landwirtschaft; aber auch eine Anzahl Handwerksbetriebe, vor allem in der Holz- und Baubranche, bietet sichere Verdienstquellen. Drei Gasthäuser und Einkaufsmöglichkeiten im Dorf sowie Gaststätten in den Weilern Guldersand und Deisch dienen der Dorfschaft und dem Sommergast, der die Schönheit der Gegend entdeckt hat und die ausgedehnten Wandermöglichkeiten und nicht zuletzt die gemütliche und witzige Art der Grengier zu schätzen weiss. Die Weiler von Grengiols sind die folgenden: Unten in der Talsohle an der Rhone bei der Station der Bettmeralp-Bahnen liegt Guldersand, weiter oben an der Furkastrasse über den Strassenkehren Deisch, westlich von Grengiols gegen Bister Badel, unten bei der FO-Station Vogelture und Ze Hyschere. Östlich gegen Binn erreicht man Bächerhyschere, Viertel und Hockmatte.

Grimsel
Drei Hotels stehen am Ufer des Totesees. Die Überlieferung behauptet, dass ihm dieser Name der Leichen wegen gegeben worden sei, die man zur Zeit der Schlacht zwischen den Österreichern und den Franzosen im Jahre 1799 in sein Wasser geworfen habe. Der Name Totesee wird jedoch schon 1758 von Gruner erwähnt. Der Blick schweift über die Berge des Goms und die Berner Alpen. Am Hang auf der Berner Seite befindet sich 245 m weiter unten der Grimselsee mit einem Inhalt von 100 Millionen m³ (La Grande-Dixence: 400 Millionen m³). An seinem linken Ufer stand ein Wald, der durch missbräuchliche Nutzung beinahe vernichtet worden ist. Seit 1934 besteht das Grimselreservat, und es ist zu hoffen, dass er sich dank dieser Schutzmassnahmen wieder erholen wird. Das ganze Grimselgebiet mit den grossen Gletschern von Ober- und besonders Unteraar ist eine klassische Gegend für das Studium glazialer Erscheinungen.
Vor dem Bau der grossen Alpentunnels spielte der Grimselpass eine Rolle ersten Ranges als Verbindung der Handels- und Militärwege zwischen Bern, dem Wallis und Italien. Die Saumtierkarawanen zogen nach Obergesteln hinunter und hernach über die Pässe Nufenen oder Gries, wöchentlich mehr als 200 Pferde und Maultiere.

Lax
Bei Lax endigt eigentlich das Goms. Diese «Grenze» wird hier aber der landschaftlichen Ähnlichkeit wegen vernachlässigt und das Tal bis kurz vor Brig oft dem Untergoms zugerechnet.
Was sich in Lax noch an Ursprünglichkeit erhalten hat, gruppiert sich hauptsächlich um einen Dorfplatz von schlichter Harmonie, nicht nur weil er etwas abseits liegt, sondern weil das Dorfbild ringsum durch mehr oder weniger gelungene Neubauten geprägt ist. Bei längerem Verweilen in Lax stellt man fest, dass hier ein dynamisches Völklein lebt, das ein blühendes Vereinsleben, ein vielfältiges Handwerk und eine gesunde touristische Entwicklung pflegt.

Märjelensee
Der Märjelensee verdankt sein Entstehen dem Grossen Aletschgletscher, der eine Sperre für die Wasser aus dem Märjelental bildet. Eisblöcke lösen sich und treiben auf dem

sehr klaren, blauen Wasser. «Dank seiner wunderbaren Lage und der prächtigen Spiegelung der Eisberge, die auf seinen Wassern treiben, bietet der Märjelensee ein einzigartiges Bild seiner Art, das an die Schönheit der Polarlandschaft erinnert» (O. Lütschg).
Vor 1829 betrug die grösste Wassermenge 10,3 Millionen Kubikmeter, die Länge des Sees 1600 m, seine Breite 500 m, seine Tiefe 70 m. Höchst bedeutsam war die Entleerung in regelmässigen Abständen (33mal von 1813 bis 1907) infolge von Rissen und Schründen, die sich im Gletscher gebildet hatten. Dies hatte jedoch gelegentlich Überschwemmungen der Rhone zur Folge. Das Zurückgehen des Gletschers verursacht ein ständiges Abnehmen des Sees. Der See am Gletscher fliesst in den meisten Jahren schon im Frühling durch die tiefen Gletschergründe ab.

Mörel-Breiten

Das gastliche Dorf Mörel hat einen alten sehenswerten Dorfkern mit stattlicher Pfarrkirche aus der zweiten Hälfte des 13. Jh., 1527–1547 von Ulrich Ruffiner im gotischen Stil erneuert, mit barocken Hoch- und Seitenaltären des einheimischen Meisters Franz Mattig. Mörel ist Hauptort des Bezirks Östlich-Raron, zu dem auch der grösste Teil des Aletschgebietes gehört mit der Riederalp und Bettmeralp sowie den Dörfern Bitsch, Ried, Greich, Goppisberg, Betten, Martisberg, Grengiols, Filet und Bister. Der Bade- und Ferienkurort Breiten ist Teil der politischen Gemeinde Mörel und breitet sich etwa 150 m über dem alten Dorfteil von Mörel auf einer gegen Süden gerichteten Sonnenterrasse aus, mit Blick auf Tunetschalp und Walliser Südalpen.
Das ganze Gebiet eignet sich dank seiner milden Lage (Breiten und Bister sind anerkannte Klimakurorte!) und den zahlreichen Verbindungs- und Wanderwegen zwischen Dörfern und Voralpen bereits im Vorfrühling und bis gegen Weihnachten für kürzere und längere Wanderungen.
Von 1000 bis 2500 ü. M. reicht das verträumte Wandergebiet der Tunetschalp, durch eine Kabinenbahn ab Filet und ein Bergrestaurant (1400 m ü. M.) erschlossen. Auf den Höhen der Tunetschalp zeigt sich das vom Bettmerhorn dominierte Aletschgebiet in seiner ganzen Pracht.
Oben auf den Alpen, vom Riederhorn bis zum Eggishorn, erschliesst sich das eindrückliche Wandergebiet über und entlang dem Grossen Aletschgletscher, eine Traumwelt, die ihresgleichen sucht. Natürlich sind hier – auf über 2000 m Höhe – die jährlichen Wandertage seltener, aber von Juli bis Oktober ist da jeder Sonnentag ein Festtag.
Etappenort für Reisende war Mörel bereits im Mittelalter, liegt es doch am Wege von den Pässen des Obergoms und des Binntals nach dem Genfersee und zum Simplon. Im 17. Jh. entstand direkt an der Hauptstrasse das Gasthaus Eggishorn (heute Hotel Aletsch). 1749 liess die Familie de Sepibus aus Mörel auf der Riederalp ein Ferienchalet für Fremde errichten, das 1854 zum ersten Hotel auf dem Hochplateau erweitert wurde. Dadurch entwickelte sich der Etappenort Mörel zu einem kleinen touristischen Zentrum. Das neue Hotel Riederalp wurde von Mörel aus «bedient»: mit Gästen, Gepäck, Material. Für nicht berggewohnte Touristen standen Maultiere und Sesselträger zur Verfügung. Die erst nachmittags und abends in Mörel eintreffenden Gäste der Riederalp suchten im Talesgrunde nach Übernachtungsmöglichkeiten, was 1877 nach einem zweiten Hotel in Mörel rief, dem Hotel des Alpes (jetzt Relais Walker), dem später die Pension Elisabeth sowie die Restaurants Furka und Tunetsch folgten. Einen

weiteren Aufschwung nahm Mörel nach dem Zweiten Weltkrieg, als zwei Seilbahnen von Mörel die bisher nur auf einem Saumweg erreichbaren Dörfer Ried und Greich und die Riederalp erschlossen.

Echte touristische Bedeutung erlangte Mörel aber ab 1966 mit dem Bau des Kurorts Breiten über Mörel. Dort, wo heute dieser angebotsreiche Bade- und Klimakurort mit seinen tausend Betten steht, gab es bis ca. 1965 nur drei Kuhställe und einige Kornstadel. Lange bevor der Begriff des «sanften Tourismus» geboren wurde, liess hier eine überlegte Planung in der Bauzeit von fünfzehn Jahren einen modernen Kurort entstehen, im vertrauten Baustil der Gegend, mit Häusern und Chalets in grossen Gärten, mit viel Grünzonen und Bäumen, einem grossen offenen Schwimmbad und Kinderbad, mit Sportanlagen, Tennis, Kinderspielplatz, aber natürlich auch mit zwei Hotels, dem Viersternehaus Badehotel Salina und dem sportlichen Hotel Im Grünen, dem Restaurant Taverne und als Krönung dem Sole-Hallenbad Breiten mit medizinischem Zentrum. Seit 1975 ist Breiten einer der 22 auch von den Krankenkassen anerkannten Schweizer Badekurorte und gehört somit zu den namhaften Kurorten des Wallis. Aber trotz des grossen Aufschwungs, der aus dieser einstigen verträumten Voralp zusammen mit Filet und Mörel einen modernen Ferienort entstehen liess, ist Breiten seiner ländlichen und landwirtschaftlichen Abstammung treu geblieben. Im Herzen des Ferienortes liegt der kurorteigene Landwirtschaftsbetrieb mit Käserei. Über der anderen Talseite, westlich der Tunetschalp, befindet sich die Alp Niesch mit renovierter Alphütte aus dem Jahre 1713, zugleich «Sommerfrische» für das liebe Breitener Vieh und «Privatpark» für die Gäste. So hilft diese landwirtschaftliche Erschliessung mit, Breiten und seine Umgebung in der ursprünglichen naturverbundenen Art zu erhalten als Landschaftsgärtnerei im besten Sinne. Besonders die Kinder aus den Städten fühlen sich beglückt im Kontakt mit Natur und Tier. Und die mit der Käseherstellung möglich gewordenen Molkenkuren sind seit einigen Jahren ein weiteres positives Markenzeichen von Breiten. Diese Schlankheits- und Entschlackungskuren nach neuzeitlichen ernährungsphysiologischen Erkenntnissen verhelfen Übergewichtigen zu neuer Lebensfreude. Wandern wird in Breiten besonders grossgeschrieben. Von Ostern bis Ende Oktober finden wöchentlich vier bis fünf geführte Wanderungen statt, und im Winter steht das Skiwandern auf dem Programm. Somit sind Ferien in Breiten nicht nur der Gesundheit dienliche Kurferien, sondern sie erschliessen im Wandern das ganze Oberwallis nach der in Breiten geltenden Devise: Jeder kann, keiner muss.

Die ideale Höhenlage zwischen 780 und 950 m ü. M. (Reizstufe 1) ist für viele Menschen, die in den Bergen Mühe mit dem Schlaf haben oder die aus ärztlichen Gründen in der Höhe vorsichtig sein müssen, ein weiterer Grund, sich in Mörel, Breiten und Umgebung wohl und sicher zu fühlen.

Mörel ist ein wichtiges Zentrum für elektrische Industrie. 1897 hat man dort das Rhonewasser gefasst, um die nötige Energie zum Bau des Simplontunnels zu gewinnen. Heute speist es das Kraftwerk Massaboden. Die in Beton erstellte Zuleitung ist durch einen Tunnel ersetzt worden. Unterhalb des Dorfes befindet sich in einem modernen Bau die Kraftzentrale der Aluminiumwerke Chippis. Sie nutzt das in Fiesch gefasste Rhonewasser. Eine zweite Kraftzentrale gehört den Lonzawerken in Visp. Sie wird von den Wassern der Massa gespeist, dem mächtigen Abfluss des Grossen Aletschgletschers. Kurz nach dem Austritt aus dem Gletscher wird das Wasser gefasst und durch einen Tunnel unter dem Riederhorn hindurchgeführt.

Der Bau des Riederhorn-Tunnels war seinerzeit mit dem Ziel begonnen worden, Wasser zur Bewässerung der Hänge von Ried herzuleiten, wozu weniger als die Hälfte seiner Länge genügt hätte. Eine Abmachung mit den Lonzawerken brachte den Tunnel schliesslich für die heutigen Zwecke zur Vollendung. Eine unvorhergesehene Folge des Tunnelbaus war das Versiegen aller Quellen auf Riederalp; es musste deshalb Wasser aus dem Gebiet des Bettmersees hergeleitet werden.
Mit der Entwicklung der Region stieg der Wasserverbrauch stark an. Um genügend Wasser für Haushalt und Bewässerung zu beschaffen, erstellen die Gemeinden Bitsch, Ried-Mörel, Greich, Goppisberg, Martisberg und Lax gegenwärtig eine neue Wasserversorgung von Märjelen her.

Mühlebach

Kardinal Matthäus Schiner wurde 1467 in dem kleinen Dörfchen Mühlebach geboren, das zwischen Wildbach und Hügel eingeklemmt liegt. Die bescheidene Kapelle auf dem Hügel krönt das Ganze mit vollkommener Anmut. Mitten im Dorf steht das renovierte Vaterhaus des grossen Kardinals.
In Schneestürmen und in der Einsamkeit des Ziegenhütens haben sich der Charakter, der Wille und die Ausdauer dieses spätern kriegerischen Bischofs von Sitten (1499) geformt und gestählt. Er war zudem mit einer hohen Intelligenz begabt. Ohne jemals seine hellsichtige Organisationsgabe und seinen Sinn für die Wirklichkeit zu verleugnen, war Schiner imstande, die umfassendsten Projekte auszudenken: die Reform und Verschönerung seiner Diözese, die Modernisierung des Unterrichts im Lichte des Humanismus, die Konzentrierung der widerstrebenden Kräfte der Eidgenossenschaft im Dienste einer wohldurchdachten, gegen Frankreich gerichteten italienischen Politik, die ständige Aushebung schweizerischer Söldnertruppen für die Kriege des Papstes. Nach der Niederlage von Marignano arbeitete er für das Zustandekommen einer europäischen Föderation dank den Heeren, der Diplomatie und den Finanzquellen Karls V. War Schiner selbst nicht eben im Begriff, sich die päpstliche Tiara aufzusetzen, die Einheit der Christen wiederherzustellen, die endlich wieder unter der doppelten Herrschaft von Kaiser und Papst gesammelt war? Georg Supersaxo, sein erbittertster Gegner im Wallis, und die französische Partei, die im letzten Augenblick die Wahl des gefährlichen Kardinals auf den päpstlichen Thron verhinderte, sowie die Pest in Rom entschieden anders. Fern der geliebten Heimat wurde der grösste Walliser seiner Zeit 1522 in Rom begraben. Auf dem Dorfplatz von Ernen erinnert eine Bronzestatue an diesen umstrittenen Bischof, Kardinal, Diplomaten und Feldherrn.

Mund

Das Dorf liegt auf einem engen Platz; als «Mont» ist es schon 1246 erwähnt. Es ist seit 1727 eine selbständige Pfarrei. Sehenswert ist die moderne Pfarrkirche mit drei prächtigen Barockaltären aus dem früheren Gotteshaus. In einem Nebenraum beim Friedhof findet man eine holzgeschnitzte Ölbergszene.
Mund ist der einzige Ort in der Schweiz, wo noch Safran wächst. Der trockene und leichte Boden unterhalb der Kirche ist dafür besonders günstig. Der Safran blüht Ende Oktober bis Anfang November und dient als Würze für Reis, Glühwein und anderes mehr. Vor einigen Jahren wurde auch eine Safranzunft gegründet, welche sich zum Ziel gesetzt hat, den Anbau dieses kostbaren Gewürzes neu zu beleben.

Münster

Münster ist der Hauptort des Bezirkes Goms und die älteste Pfarrei des obersten Rottentales. Seine prächtige Kirche vereinigt alle Stile zu einer polyphonen Einheit. Die Romanik hat den Turm aus dem Ende des 12. Jh. beigesteuert, die Spätgotik Chor und Hochaltar von 1491, die Renaissance das Schiff mit schöner Decke um 1675 und der Barock die Innenausstattung. Der Hochaltar ist einer der schönsten gotischen Altäre der Schweiz; er wurde 1509 von Georg Keller aus Luzern bemalt und mit Schnitzereien versehen. Auch die Seitenaltäre, die Chorstühle und die Kanzel weisen reiche Holzschnitzereien auf. Auf einem Hügel oberhalb Münster steht die liebliche, 1773 wiederhergestellte St.-Antonius-Kapelle, ein Bild der Harmonie, mit einem Hochaltar von 1683.
Ein Zweig der Familie von Riedmatten, die in Münster ansässig war, schenkte dem Bistum von Sitten zwischen 1529 und 1701 fünf Bischöfe.

Naters

Naters liegt in einer sonnigen Nische, vor den Talwinden geschützt. Der obere Dorfteil mit seinen alten, sonnengebräunten Holzbauten steht in auffälligem Gegensatz zu der in den sechziger Jahren entstandenen modernen Wohn-City an der Furkastrasse.
Das Dorf besitzt eine schöne, im 17. Jh. erbaute und dem hl. Mauritius geweihte Kirche mit romanischem Turm, der aus dem 12. Jh. stammt. Sie war einst die Mutterkirche des Zehnden Brig. Naters besitzt auch ein bekanntes Beinhaus aus dem Jahre 1514. Im Erdgeschoss werden Tausende von Totenschädeln aufbewahrt, die aus dem ehemaligen Friedhof rund um die Kirche stammen. Ein alter Balken trägt den Spruch: «Was ihr seid, das waren wir, was wir sind, das werdet ihr».
Naters war einst im Besitz der Grafen von Savoyen, später des Bischofs von Sitten. Auf einer Anhöhe im Osten in strategischer Schlüssellage sieht man noch die Ruinen des Schlosses «Auf der Flüe» aus dem 13. Jh., Sitz des Meiers von Naters und zeitweise auch Residenz des Bischofs. Ihm gegenüber treffen wir auf den viereckigen Turm von Ornavasso aus dem 13. Jh. Er war der Sitz des Viztums, eines höhern Beamten des Bischofs. Heute dient der Turm als Schulhaus. Erwähnenswert ist auch das alte, mit Fachkenntnis restaurierte Pfarrhaus bei der grossen Linde, dessen älteste Teile aus dem 12./13. Jh. stammen. Einen Besuch wert ist auch der «Junkerhof», das heutige Gemeindehaus. Der heute noch erhaltene nördliche Teil datiert aus dem 14./15. Jh.
Es bliebe noch zu sagen, dass sich während des Baus des ersten Simplontunnels um die Jahrhundertwende Hunderte von Italienern in Naters niederliessen. Einzelne Häuser, in südländischer Bauweise entstanden, sind noch heute an der Landstrasse gegen Osten hin zu sehen.

Niederernen

Im Jahre 1788 zerstörte eine Feuersbrunst neun Häuser der damals noch selbständigen Gemeinde, die erst 1872 mit Ernen verschmolzen wurde. In den letzten Jahren entstanden rings um Niederernen eine grössere Zahl Chalets, die farblich in völligem Kontrast zu den alten, braungebrannten Häusern stehen. Ein Kleinod des Weilers hingegen ist die St.-Antonius-Kapelle aus dem Jahre 1684 mit Gewölbemalereien, die den hl. Antonius von Padua darstellen, und dem barocken Hochaltar von Johann Sigristen und Mauritius Bodmer.

Niederwald

Das Dorf, eines der besterhaltenen Gommer Dörfer, kauert unter einem lärchenbestandenen Hang und wendet seine schwarzen einheitlichen Stirnseiten nach Südosten. In einem der anspruchslosen Häuser der nördlichen Reihe wurde der Vater der Luxushotellerie, Cäsar Ritz, geboren, ein Mann, der an der denkwürdigen Landesausstellung 1939 in Zürich in der Galerie der berühmten Schweizer figurierte.

Cäsar Ritz

Er wurde im Jahre 1850 als 13. Kind einer nicht besonders begüterten Bauernfamilie geboren. In Niederwald lebte der junge Cäsar das Leben aller Dorfkinder. Die gescheite Mutter merkte aber bald, dass die üblichen Beschäftigungen dem aufgeweckten Jungen nicht genügten. Sie förderte sinnvoll seine Neigungen, und so konnte der lebhafte Knabe mit 12 Jahren nach Sitten ziehen, um dort während drei Jahren eine Schule zu besuchen. In der Folge lernte er als Kellnerlehrling und als Sakristan in Brig die harte Schule des Lebens kennen, aber ohne besonderes Glück. Da drang die Meldung von einer grossartigen Ausstellung in Paris auch ins Wallis. Ritz zog in die französische Metropole und erkannte dort klar seine Berufung als Restaurateur und Hotelier.

Mit seltener Energie, mit besonderem Geschick und viel Glück verfolgte er von nun an sein Ziel. Bald rissen sich die besten Gastwirte der Weltstadt um die Dienste des raffinierten Garçon. Nach dem Deutsch-Französischen Krieg 1870/71 finden wir Ritz in den ersten Hotels von Wien und Nizza und schliesslich auf der Rigi, wo er die Bekanntschaft Oberst Pfyffers von Altishofen machte. Der war soeben im Begriff, in Luzern das Grand Hotel National zu erstellen. Cäsar Ritz wurde, obwohl erst 24jährig, dessen erster Direktor. Im Jahre 1888 verehelichte er sich in Cannes mit Marie Beck, einer Elsässerin. Nun drängte es ihn, selbständig zu werden. Er eröffnete und führte Hotels auf eigene Rechnung in Baden-Baden, London, Monte Carlo, Paris, Rom, Frankfurt usw. Er war ständig auf Reisen und gründete Gesellschaften zur Entwicklung der Hotellerie in Spanien und Afrika. Entscheidend war für Cäsar Ritz jedoch nicht die Quantität, sondern die Qualität seiner Leistung. Der Name Ritz wurde gleichbedeutend mit Komfort, Luxus, Eleganz und Raffinement. Darum wurde er bald der König der Hoteliers und der Hotelier der Könige genannt. Trotz seines märchenhaften Aufstiegs ist er aber der einfache und bescheidene Mann geblieben, der auch stets ein gutes Herz für seine Angestellten zeigte.

Doch diese jahrelange Überlastung musste sich rächen. Noch voller Pläne, wurden ihm in seinem 50. Lebensjahr seine geistigen und physischen Kräfte plötzlich gelähmt. Während 18 Jahren musste Ritz sein Leiden trotz aller ärztlichen Kunst tragen, und am 24. Oktober 1918, sieben Monate nach dem frühzeitigen Hinschied seines geliebten Sohnes René, trat der Tod als Erlöser an das Leidenslager heran. Sein Leichnam wurde in Paris beigesetzt, später aber mit den Gebeinen seines Sohnes exhumiert und auf dem stillen Friedhof von Niederwald begraben, wo auch seine 1961 verstorbene Gattin Marie ruht. Eine schlichte Gedenktafel am östlichen Dorfrand erinnert an den berühmten Sohn der Heimat.

Obergesteln

Im Gegensatz zu den meisten Dörfern der Umgebung, die aus Holzbauten bestehen, mutet Obergesteln fast südländisch an. Es wurde nämlich nach der Feuersbrunst im

Jahre 1868 aus Stein wiederaufgebaut. Das Dorf war schon 1212 und 1419 von Berner Söldnern in Brand gesteckt worden. 1720 begrub eine Lawine die Hälfte der Gebäude mit 88 Personen. Die Kirche stammt aus dem Jahre 1692. Der Name Obergesteln dient zur Unterscheidung von Bas-Châtillon bei Raron, das zu deutsch Niedergesteln heisst. Der zweite Bestandteil «Gesteln» geht wie das französische châtillon auf das erschlossene romanische castellione (und letztlich auf das lateinische castellum) zurück, das Burg, Festung, aber auch im übertragenen Sinne Felskopf, turmartiger Gipfel bedeuten kann.

Oberwald

Schon von weitem grüsst der Zwiebelturm der Kirche von Oberwald. Diese stammt aus dem Jahre 1710. Ein Sporn aus Mauerwerk schützt sie vor den Lawinen. Im Dorfteil Unnerwasser fallen die gleichförmigen, brav aneinandergereihten Holzhäuser auf, denen eine weitere Reihe niedriger Scheunen entspricht, alle geschützt durch einen anmutigen Lärchenwald. Der Weiler Gere mit seiner Kapelle aus dem Jahre 1647 wurde vom ehemals bedeutenden Dorf zum vorübergehenden Maiensässwohnsitz. Oberwald bietet auch eine wintersichere Verbindung zum Urserental durch den 1982 eröffneten Furkatunnel. Im Winter ist das Obergoms ein Paradies der Langläufer mit gespurten Loipen von 45 km Länge bis hinab nach Niederwald. Im Sommer bietet es sich als ideales Wandergebiet an in gepflegter, landwirtschaftlich genutzter Umgebung.

Reckingen

Reckingen ist am Nordostende eines Schuttkegels gelegen; die Holzhäuser reihen sich beidseitig der Rhone und sind durch eine gedeckte Holzbrücke miteinander verbunden. Man versäume nicht, das grossartige Holzhaus von Wilhelm Kalbermatten zu besichtigen, das 1754 von Architekt Taffiner erbaut wurde. Die imposante Pfarrkirche mit ihren hellen Mauern ist die überschwenglichste Barockkirche des Wallis. Sie wurde im Jahre 1745 von den Brüdern Pickel aus Vorarlberg erstellt. Das Innere, welches zwei Fensterreihen übereinander aufweist, ist mit Stukkaturarbeit und Malereien geschmückt. Die prächtige Orgel aus dem Jahre 1746 ist ein Werk des Orgelbauers M. Carlen.

Rhonegletscher

Der Rhonegletscher zieht auch in seiner heutigen Form immer wieder zahlreiche Reisende und Wissenschafter an. In seinem obern Teil, dem «Nährbecken», füllt er das Trogtal in der Nord-Süd-Richtung aus, das im Osten von Gipfeln begrenzt ist, welche 3000 m übersteigen (Dammastock 3629 m). Von einer ähnlichen Kette ist der Rhonegletscher im Westen begrenzt. Nachdem der Eisstrom in dieser Weise etwa 8 km durchzogen hat, stösst er auf eine Schwelle und fällt hinunter, indem er sich auf den Felsen bricht. Dieser 450 m hohe Eisfall ist besonders schön, weil das Eis sauber ist, das heisst ohne Oberflächenmoränen. Wegen seiner Lage am Rande grosser Poststrassen und in der Nähe von Gasthöfen ist er seit langem ein auserwählter Ort für die Studien der Naturforscher. Es wurden Forschungen über die Verdichtungen des Wasserdampfes der Luft in Berührung mit dem Eis gemacht, und es wurde ermittelt, dass sich während eines heissen Tages 100–300 m³ Wasser je Quadratkilometer niederschlagen können. Auch das Fliessen des Eises wurde studiert, indem mitten über dem Gletscher etwa

zehn Profile mit bemalten und numerierten Steinen aufgestellt wurden. Die Geschwindigkeit ist variabel; eine mittlere Berechnung von 7 Jahren ergibt 29 cm in 24 Stunden. Ferner wurden Vorrücken und Rückgang gemessen. 1818, zur Zeit eines Stadiums des Vorrückens, stiess er beinahe bis zu einer warmen Quelle unweit der Gebäude vor und dehnte sich von der Basis über die ganze Breite des Tales aus. Als ungeheure gewölbte Masse mit Spalten hatte er das Aussehen einer Löwentatze oder einer Jakobspilgermuschel. Seit 1856 war ein fortgesetzter Rückzug festzustellen, besonders in den heissen Jahren 1940–1951. Die «Muschel» ist verschwunden, ebenso fast der ganze Fall, wo die Dicke des Eises gering war. Seit 1951 folgten kältere und niederschlagsreichere Sommer aufeinander, und die Stirn des Gletschers blieb am selben Ort. In neuester Zeit ist der Gletscher wieder im Vorrücken begriffen.
Um den Gletscher gut zu betrachten, muss man bis zum Hotel Belvédère aufsteigen. Man kann dort sogar in einer künstlichen Grotte weit in den Gletscher eindringen. Steigt man etwa 2 km am linken Rande an, erreicht man den obern Teil des Gletschers, wo man ihn gut queren kann, sobald der Schnee des Sommers verschwunden ist. Von hier aus erreichen gute Berggänger über den Gletscher und das Nägelisgrätli den Grimselpass (3 Std).

Ried-Brig
Ried-Brig ist ein grosses Bergdorf am Brigerberg. Die Simplonstrasse, die bis vor einigen Jahren durch das Dorf führte und in Form der neuen Nationalstrasse den Dorfrand heute noch berührt, mag hier mit der Zeit einen offenen Menschenschlag geschaffen haben. Ried-Brig ist ein aufstrebendes Dorf, das sich in den letzten 15 Jahren sehr entwickelt hat und vielen Neuzuzügern Wohnsitz bietet, denn die ausserordentliche Wohnlage ist verlockend.
Mehrere Familien leben noch ausschliesslich von der Viehwirtschaft, während der überwiegende Teil der Bevölkerung in Brig oder Visp den Lebensunterhalt verdient. Mehrere Hotels im Dorf und an der Simplonstrasse sorgen für das Wohl der Feriengäste, die besonders im Sommer zahlreich sind. Daneben findet man eine Bäckerei und einen Kleinladen, so dass sich die Hausfrau für den täglichen Bedarf mit allen Lebensmitteln eindecken kann. Die verschiedensten Handwerksbetriebe bieten zahlreiche Arbeitsplätze, und das Vereinsleben im Dorf ist äusserst lebendig.

Weiler und Siedlungen
Mit den an der Simplonstrasse gelegenen Tourismus-Stationen Rothwald/Wase bietet sich ein sicheres Wintersportgebiet wie auch ein Erholungsgebiet für den Sommergast geradezu an. Im Westen des Dorfes Ried-Brig liegen die Weiler Lingwurm und Brei sowie unten in der Talfurche der Weiler Bach. Im Osten reicht der Weiler Biela an die Grenzen der Nachbargemeinde Termen, und oberhalb des Dorfes finden wir an der alten Simplonstrasse (Napoleonstrasse) Lowina und noch weiter oben die Siedlungen Baswehri und Schalberg.

Riederalp-Alpmuseum
Was wir heute gemeinhin als Riederalp bezeichnen, ist eigentlich ein Sammelname für drei Alpen: Goppisbergeralp, Greicheralp und Riederalp. Was früher die voneinander unabhängigen Alpweiden der drei Gemeinden waren, ist heute zur touristischen Rie-

deralp zusammengewachsen. Dabei ist diese Zusammenfassung zu einer wirtschaftlichen Einheit beileibe nichts Neues in der Geschichte des Aletschplateaus. Bereits früher waren die Alpweiden von Bitsch, Ried-Mörel, Greich, Goppisberg und Betten – also die Bergterrasse zwischen Rieder- und Bettmerhorn – unter dem Namen Terpetsch zu einer Alp vereinigt.

Bei der eigentlichen Riederalp handelt es sich jedoch nur um die Alpweide der Gemeinde Ried-Mörel, bestehend aus verschiedenen Stafeln (Weide-Einheiten), heute aufgeteilt in Kuh- und Rinderalp. Einen dieser früheren Alpstafel bildet die Alphütte Nagulschbalmu mit dem sie umgebenden Weidland. Als Dokument der traditionellen Alpwirtschaft wurde sie in den Jahren 1984/85 mit viel Aufwand restauriert und im Sommer 1986 dem Publikum zugänglich gemacht.

Die Alphütte Nagulschbalmu (Balme = überhängender Fels) wurde im Jahre 1606 von einer Familie Martin Schweri erbaut und diente in ihrer ersten Zeit der privaten Alpbewirtschaftung. Später wurde sie Bestandteil der Burgeralp von Ried-Mörel, bis 1882 aus der Riederalp eine Güteralp wurde (Genossenschafter einer Güteralp kann nur werden, wer auf dem Gebiet der Gemeinde Wiesen und Weiden, das heisst Güter besitzt).

Vor ihrer endgültigen Aufgabe als alpwirtschaftliche Einrichtung wurde die Hütte Nagulschbalmu jeweils zu Beginn der Sömmerung während rund zehn Tagen von zwei Senntümern als Stafel genutzt, zusammen mit einer Familie, welche die Hütte zur privaten Bewirtschaftung für den ganzen Sommer gepachtet hatte. Von dieser eigentümlichen Art einer gemischten Bewirtschaftung (privat und genossenschaftlich) zeugen noch heute die drei Feuerstellen mit den Turnern (Schwenkarme für das Käsekessi) in der Küche.

Als genossenschaftlich bewirtschaftete Alp gehört die Riederalp zum noch heute weitaus am stärksten verbreiteten Bewirtschaftungstyp der Alpwirtschaft im Wallis. Gleichzeitig repräsentiert sie eindrücklich die zentrale Stellung der Alpwirtschaft innerhalb der traditionell mehrstufigen alpinen Landwirtschaft, wobei den Alpen im Gegensatz zu den Voralpen noch heute eine gewisse Bedeutung zukommt.

Wenn auch nur mehr als Rinderalp, bildet die Weide Nagulschbalmu doch noch immer einen festen Bestandteil der Rieder Alpwirtschaft. Die museal gewordene Alphütte weist deshalb, aber auch dank einer gelungenen Renovation, nach wie vor das Gepräge einer typischen Alphütte auf. In Blockbau gehalten, mit Schindeldach und gemauertem Küchenteil, dem Keller direkt am kühlenden Fels und dem erneuerten Anbau in Mischbauweise, weist sie gleich mehrere wichtige architekturhistorische Elemente einer traditionellen Alpsiedlung auf.

Die Geschichte der Alpwirtschaft auf Nagulschbalmu dokumentiert sich jedoch nicht nur an der Alphütte selber, sondern auch an ihrer Inneneinrichtung. Deshalb wurden die verschiedenen Räume der Hütte, also Küche, Wohn-/Schlafraum, Käsekeller und Stall, möglichst authentisch mit Mobiliar und Geräten eingerichtet, so dass neben der Geschichte der Alphütte auch deren Funktion sichtbar wird. Nicht mehr seine originalgetreue Einrichtung weist der aus späterer Zeit stammende Anbau östlich der Alphütte auf, der früher als Zusatzstall und Notheuschober diente. Hier ist nun eine Ausstellung untergebracht, welche all jene Aspekte beleuchten soll, die in der Alphütte selber wenig zum Zuge kommen: Der Alltag auf der Alp, die verschiedenen Arbeiten und Techniken, das Alpjahr in Arbeit, Fest und Brauch, Geschichte und Organisation der Alpwirtschaft auf der Riederalp, aber auch regionale Vergleiche und Aspekte der Alpwirtschaft im ganzen Wallis. Mittel- und Ausgangspunkt des Museums soll also die traditionelle Alpwirtschaft auf der Riederalp sein, von der aus auf andere Regionen und in die heutige Zeit hinein ausgegriffen werden soll. Denn der Strukturwandel in der Landwirtschaft ist auch an der Alpwirtschaft nicht spurlos vorübergegangen. Aus der ehemaligen Vielstafelwirtschaft wurden moderne alpwirtschaftliche Betriebe wie etwa Fleschen auf der Riederalp.

Obwohl vom Tourismus bedrängt, hat sich die Alpwirtschaft auf der Riederalp – auch gerade wegen der touristischen Erschliessung – vergleichsweise gut zu halten vermocht. Die Zeiten, da gleich mehrere Sennen mit dem Käsekessi auf dem Buckel auf die Alp stiegen, um bei den Bauern um Kühe zu feilschen, sind indessen auch auf der Riederalp längst vorbei. Heute müssen die Sennen bereits auswärts gesucht werden, und die Älplerromantik – falls es sie überhaupt je gab – ist einer auf Rationalisierung getrimmten Bewirtschaftung gewichen. Auch solche Aspekte des Wandels in der Alpwirtschaft sollen im Alpmuseum zur Darstellung gelangen, sei es in der Ausstellung selber oder durch Besuche des modernen Betriebes auf dem nahen Fleschen.

Ritzingen

Eine Flugaufnahme dieses Dorfes würde zeigen, dass innerhalb dieses langgezogenen Dreiecks die Häuser darauf verzichten, sich auf den schräg verlaufenden Weg auszurichten, und sich vielmehr hartnäckig nach Süden wenden. Weiter oben, inmitten der Äcker, einsam und von weitem sichtbar, zieht die Wallfahrtskapelle auf dem Ritzingerfeld den Wanderer wie ein Magnet an.

Dieser nüchterne Bau von 1687 wurde zum Glück zu einer Zeit restauriert, da die alten Künstlerfamilien des Barock noch lebten. Es befassten sich mit dieser Aufgabe ein Bildhauer Lagger von Reckingen und einer der Pfefferle von Geschinen; der letztere verrechnete 178 Eier für die Zubereitung der Farbe und ausserdem Schnaps, der teils für die Vergoldung, teils für seine eigene Gurgel bestimmt war.

Rosswald-Glimmuschir

Der hoch über dem Brigerberg gelegene und zur Gemeinde Termen gehörende Ferienort bietet in einem Hotel und vielen heimeligen Chalets ca. 2000 Fremdenbetten für Sommer und Winter an. Im Winter ist die Station von der Talstation Rosswald, oberhalb Ried-Brig, mit einer modernen Gondelbahn in knapp 6 Fahrminuten erreichbar, während im Sommer auch die Zufahrt mit dem Auto bis Rosswald auf einer schmalen Forststrasse beschränkt möglich ist (der Parkplatz ist gebührenpflichtig). Rosswald ist bekannt als sehr sonniger Bergrücken mit ausgesprochen einmaliger Rundsicht. Im Osten und Süden fällt der Blick auf die Gipfel der näheren Umgebung des Simplons gegen Italien hin und besonders auffällig auf das Fletschhorn (Simplon Dorf) mit dem darin eingebetteten Rossbodengletscher (Berg- und Gletschersturz vom 19. März 1901).

Gegen Norden und Westen steht man direkt vor den gegenüberliegenden Bergen der Berner Alpen mit dem Aletschgletscher im Vordergrund. Einladende Gaststätten, ein Kaufladen und mehrere Skilifte, u. a. ein leistungsfähiger Doppellift direkt vom Zentrum weg, wie auch ein Informationsbüro machen Rosswald zum begehrten Familienferienort. Im Sommer stehen ausgedehnte Tages- und Rundwanderungen auf gutmarkierten

Wegen zur Verfügung. Rosswald ist auch Ausgangspunkt bzw. Ziel des berühmten «Simplon-Höhenweges», der das ganze abwechslungsreiche Gebiet zwischen Rosswald und Rothwald am Simplon durchzieht und für welchen ein spezieller Farbprospekt aufliegt.

Oberhalb Rosswald über der Bergwasser-Rinne bei der Egga hat der Verkehrsverein im Schatten uralter Lärchen zwei sehr schöne Feuerstellen errichtet.

Stafelalp
Stafel ist eine Alpsiedlung über dem Gantertal, südöstlich von Rosswald, am bekannten Simplon-Höhenweg gelegen. Hier wird im Sommer noch eine beträchtliche Anzahl Kühe auf die Alpweiden getrieben, und in einer kleinen, neuen Gemeinschaftskäserei wird ein vorzüglicher Alpkäse hergestellt. Der Wanderer hat die Möglichkeit, frischen Käse zu kaufen.

Die Alphütten scharen sich niedlich um das kleine Gotteshaus, in dem in den Sommermonaten im Wechsel mit Rosswald die Sonntagsmesse für die Älpler und Ausflügler gehalten wird. Die Alpweiden erstrecken sich bis zum Saflischpass, dem Übergang ins Binntal.

Rothwald/Wase
Rothwald, oberhalb der neuen Simplonstrasse, bildet mit der etwas höher gelegenen Wasenalp (Wase) das eigentliche Tourismus- und Erholungsgebiet von Ried-Brig. Rothwald bietet an der Simplonstrasse als Ausgangspunkt des Skilifts und des Simplon-Höhenwegs nach Rosswald gutgeführte Hotels und Gaststätten mit Fremdenbetten und gutbürgerlicher Küche.

Oben in einer Waldlichtung stehen das ruhig gelegene Waldhotel «Rothwald» und verstreut mehrere Chalets und Sommersitze. Über dem Lärchenwald liegt Wase, ein kleines Alphüttendorf mit einer Kapelle, einer Alpkäserei und mehreren freundlichen Chalets. Weiter oben auf Wasserschbode (Wintrigmatte) haben der Verkehrsverein und die Zeitschrift «Schweizer Familie» auf einem idealen Platz in Wassernähe zwei Feuerstellen errichtet.

Selkingen
Zwanglos am Hang angeordnet, dem schäumenden Wildbach des Bieligertales entlang und unweit eines kleinen kapellengekrönten Hügels erbaut, ist dieses Künstlerdorf ein Kunstwerk in sich selbst. Den Altar der schmucken Markuskapelle aus dem Jahre 1678 zieren Statuen der Evangelisten Markus und Johannes aus der Werkstatt des Bildhauers Johann Ritz (1666–1729), dessen Stammsitz neben der Kapelle steht.

Simplon Dorf
Simplon Dorf ist ein Bergdorf mit eindeutig italienischem Einschlag im südländischen Baustil. Die alten Häuser, mit einigen Ausnahmen aus dem frühen Mittelalter stammend, sind aus massivem Lärchenholz, mit dicken Mauern umgeben. Die Dächer bestehen aus aufeinandergeschichteten Granitplatten, wie sonst im Piemont (Italien) üblich. Bei den Neubauten ist diese Dachart wohl aus Kostengründen und auch mangels geübter Dachdecker kaum noch zu verwirklichen.

Der gepflästerte Dorfplatz mit dem stattlichen Tränkebrunnen, umgeben von einer prächtigen Häuserschar mit der alten Pfarrkirche, einem kleinen Dorfrestaurant sowie dem «Weissen Kreuz» (ehemaliges Gasthaus) und der alten Saumgasse gegen Süden hin bilden das alte mittelalterliche Dorfzentrum. Etwas oberhalb an der Napoleonstrasse bilden die Geschäfte, Gasthöfe und verschiedenartigen Handwerksbetriebe ein anderes Simplon Dorf.

Das einfache Dorfvolk ist sehr leutselig und überaus gastfreundlich. Das Vereinsleben ist hier unübertrefflich. Obwohl viele Simpeler auswärts wohnen und arbeiten, nehmen sie alle Opfer auf sich, um an Vereinsübungen und Anlässen dabeizusein. Wegen der oft sehr schneereichen Winter und der Lawinenzüge in der Umgebung bauten sich mehrere junge Landwirte Gemeinschaftsställe in Dorfnähe, um ihr Vieh ohne Gefahr versorgen zu können.

Die neue Simplonstrasse umfährt zwar das einmalige Dorf an der gegenüberliegenden Talseite, aber gerade deshalb lädt das verkehrsfreie Dorf zu einem Besuch ein. Wer mehr über Simplon Dorf und seine Geschichte erfahren möchte, sei auf die verschiedenen Bücher von Peter Arnold verwiesen.

Simplonpass

Der Simplonpass gehört zu den schönsten und wichtigsten Alpenüberquerungen der Schweiz. Bereits zu Beginn des 3. Jh. n. Chr. benutzten ihn die Römer als Saumweg. Grössere Bedeutung erlangte er im 13. Jh. als Handelsweg der Mailänder Kaufleute und dann besonders im 17. Jh., als ihn Kaspar von Stockalper grosszügig ausbauen liess.

Die Johanniter erstellten 1235 unterhalb der Passhöhe das erste Hospiz, und im 17. Jh. erbaute Stockalper das noch bestehende, turmartige Spittel. Zwischen 1800 und 1805 liess Napoleon I. zur Verwirklichung der Heerstrasse Paris–Mailand eine Fahrstrasse über den Simplon bauen. Sie kam dann jedoch 1815 den Österreichern zugute, als sie Napoleon entgegenzogen.

Das Hospiz auf der Passhöhe gehört den Augustiner-Chorherren vom Grossen St. Bernhard. Es war ursprünglich von Napoleon als Kaserne geplant worden. Der grosse steinerne Adler in der Nähe erinnert an die Grenzbesetzung während des Zweiten Weltkrieges.

Die heutige, ganzjährig befahrbare Nationalstrasse entstand zwischen 1960 und 1980 und gilt wegen ihrer Viadukte, Lawinenverbauungen, Tunnels und der imposanten Ganterbrücke als genialste Passstrasse über den südlichen Alpenwall.

Steinutal

Das Steinutal (Senntum; irrtümlich als Steinuchäller bezeichnet) ist ein wildromantisches und einmaliges Alpental, durchzogen vom Steinubach, der zuhinterst im Tale am Steinugletscher entspringt. Steinu (Steine) galt lange Zeit als eine sehr gute und geschätzte Alp für Grossvieh, und der hier hergestellte Käse war ein Leckerbissen.

Das grösste Problem war das für die Milchverarbeitung benötigte Brennholz, denn der spärliche Wald über den Hütten hatte auch eine Schutzfunktion und musste geschont werden. So mussten die Hirten auf dem Rückweg vom täglichen Käsetransport, der sie durch die steile und enge Steinuschlüocht hinunter in die Gegend von Steinumatta zum Käsekeller (Steinuchäller) führte, eine schwere Holzlast hochschleppen. In der neueren Zeit werden in der Gegend etwa 1000 Schwarznasenschafe gesömmert.

Taferna

Taferna ist eine Siedlung im Tafernatal zwischen Mittubäch und dem Simplonpass, am Römerweg, der später im 17. Jh. unter dem mächtigen Kaspar von Stockalper von Brig (1609–1691) zur mittelalterlichen Saumstrasse ausgebaut wurde.

Wie der Name sagt, steht hier ein prächtiges Haus aus gehauenem Stein, mit einem grossen Saal, der einstigen Gaststube (Herberge/Taverne) und den Ställen, die den Saumtieren Schutz boten, da der Weg zum Simplonpass im Winter oft versperrt war. Das Haus wurde in den letzten Jahren vom jetzigen Besitzer und dessen Sohn fachkundig restauriert und trägt über dem Eingang die Jahrzahl 1684.

Die Walliser Sage weiss von einer unredlichen Wirtin zu berichten, die den edlen Wein mit Wasser «gestreckt» haben soll (kein Wunder – der Taferbach fliesst unweit vom Haus zu Tale). Der Wortlaut der Sage ist wie folgt: «I heissu Johanneli Fii, i hä Wasser üsgä fer Wii, müoss jetz i de Chaltu Wassru sii.» Die Übersetzung: Ich heisse Johanneli Fii; ich habe Wasser ausgeschenkt anstatt Wein und muss jetzt in den Kalten Wassern sein (muss nun als arme Seele im Gebiet des Kaltwassergletschers bis zum Jüngsten Tage büssen).

Termen

Der Name des Ortes wird erstmals 1233 urkundlich aufgeführt. Es ist ein einfaches, sauberes Bergdorf geblieben. Die Einwohner bestreiten ihren Lebensunterhalt nur zum Teil noch mit der Landwirtschaft. Wenn auch mancher Termer tagsüber in Brig oder in den Lonzawerken in Visp seiner Arbeit nachgeht, zeigt sich Termen durchaus nicht als ausgestorbenes Dorf. Neben einem Laden und einem kleinen Sportgeschäft bieten ein Baugeschäft und mehrere Gewerbebetriebe manchen sichern Arbeitsplatz an. Zwei Gaststätten laden den Einheimischen wie den Feriengast, der sich hauptsächlich im Sommer in Ferienwohnungen und Chalets wohl fühlt, herzlich zu einem Besuch ein. Kirchlich gehörte Termen früher zur Pfarrei Glis, bis es im Jahre 1913 eine eigene Kirche erhielt und damit eine selbständige Pfarrei wurde.

Auffällig sind die Hausdächer des alten Dorfteils, die fast alle mit dem bekannten Termer Schiefer gedeckt sind. Die Schieferhalden über dem Dorf sind stumme Zeugen der Schieferausbeutung, die bis in die sechziger Jahre des 20. Jh. anhielt. Es darf erwähnt werden, dass auch die Kathedrale von Sitten mit Termer Schiefer gedeckt ist.

Ulrichen

Das Dorf besitzt mehrere Gasthöfe. Die neugotische Kirche von 1895 birgt ein reizendes Weihebild, eine Malerei auf Holz aus dem Jahre 1664. Zwischen Ulrichen und Obergesteln steht das Denkmal zur Erinnerung an zwei Freiheitskriege der Walliser. Im Jahre 1211 hätten die Grafen von Zähringen, im Besitz der befestigten Plätze an der Aare, gern auch im Rhonetal Fuss gefasst. Eine Handvoll Gommer aber hinderte sie daran. 1419 kam es zum Sieg der Walliser über die Berner und Freiburger, welche Guichard von Raron über die Grimsel zu Hilfe geeilt waren. Der Name Ulrichen soll übrigens von einem Herrn Ulrich von Visp stammen, der dieses Gebiet besass.

Der Weg durch das Ägenetal, als Fortsetzung der Grimselroute zum Nufenenpass und Griespass, ist seit alters her bekannt. Im 15. und 16. Jh. dienten diese Übergänge dem Handel als Verbindungswege zwischen Bern und Italien. Sie boten keine Schwierigkeiten für die Saumtiere; die Wege waren gut unterhalten. Seit der Eröffnung des Gotthard- und des Simplontunnels werden sie nur noch für den Touristenverkehr benützt. Im Jahre 1969 wurde über den Nufenenpass eine Strasse eröffnet. Ulrichen und Airolo verbindet eine Autokurslinie der Furka-Oberalp-Bahn. Der alte Saumweg ist aber über weite Strecken noch begehbar.

Am Fusse des Griesgletschers wurde ein kleiner Stausee erstellt, der mit seinen vom Gletscher abgebrochenen Eisblöcken an eine Polarlandschaft erinnert.

Visperterminen

Das Bergdorf Visperterminen liegt auf 1336 m über dem äusseren Vispertal. Schon zur Bronzezeit war das Gebiet besiedelt. Viele Bewohner finden heute als Tagespendler in den Lonzawerken und in anderen Betrieben von Visp Verdienst. Daneben bewirtschaften sie ihre Roggenäcker und Bergwiesen oder pflegen die Reben. Der «Heida», ein Traminer, gedeiht hier auf schmalen Terrassen bis auf eine Höhe von 1200 m, weshalb Visperterminen sich rühmen kann, den höchstgelegenen Weinberg des Wallis und vermutlich auch Europas zu besitzen. Das Wasser zur Bewässerung des Kulturlandes wurde früher über den Gebidumpass aus dem Nanztal hergeleitet. Da die Fuhren oft durch Lawinen oder Steinschlag zerstört wurden, trieb man um die Jahrhundertwende in beinahe dreissigjähriger Bauzeit einen Tunnel durch das Gebidum.

Sehenswert sind die moderne Pfarrkirche mit ihren Barockaltären und die oberhalb des Dorfes gelegene Marien-Wallfahrtskapelle «Im Wald» (Waldkapelle) mit einer wertvollen Orgel von 1619.

Wasserfuhren («Heilige Wasser»)

Das Wallis, vor allem die Südhänge des Rhonetales, ist ausgesprochen trocken, so dass die Bauern darauf angewiesen sind, ihre Wiesen zu bewässern. Bis vor 30 Jahren waren rund 80% der einheimischen Bevölkerung in der Landwirtschaft tätig. In mühevoller Arbeit werden die steilen Berghänge auch heute noch bewirtschaftet. Seit jeher hatten die Bauern vieler Berggemeinden des Wallis eine grosse Sorge: das Wasser.

Aus den alten Chroniken erfahren wir, dass die Bauern von Ried/Mörel schon vor 600–700 Jahren ihr Wässerwasser am Aletschgletscher fassten und über den Grat nach Riederalp und Ried oder ums Riederhorn herum auf die Wiesen ihres Dorfes leiteten. Die teilweise 10 bis 12 km langen Leitungen entstanden in Fronarbeit und waren ein Gemeinschaftswerk der Bauern des Dorfes. Die Wasserfuhren bestanden aus Holzkänneln, die auf Steinmauern ruhten. Gefährlich wurde es dort, wo die Leitungen Felswänden entlanggeführt werden mussten.

Das Wasser, das durch diese Kännel floss und die Wiesen und Weiden der Bergdörfer vor dem Verdorren rettete, war für die Bevölkerung von grosser Bedeutung. Ohne Wasser gab es keine Ernten, und der Ausfall der Ernte hatte oft katastrophale Folgen. Die Wasserfuhren wurden wegen ihrer Wichtigkeit die «Heiligen Wasser» genannt (so lautet auch der Titel eines Romans von J. Chr. Heer); in anderen Kantonsteilen heissen sie auch Suonen oder Bisses.

Die Fassungen der Leitungen lagen meistens am Aletschgletscher. Da aber der Gletscherstand sich veränderte, mussten die Fassungen oft versetzt und die Leitung somit völlig neu erstellt werden. Die letzte von insgesamt sechs bekannten Wasserfuhren war noch bis 1935 in Betrieb. 1946 löste dann ein Stollen durch das Riederhorn das Wasserproblem, allerdings nicht für die Wiesen oberhalb des Tunnels.

Auskunftsstellen
Für jede nähere Auskunft über Unterkunftsmöglichkeiten und Gaststätten
wende man sich an die regionalen und lokalen Verkehrsvereine.

Regionale Verkehrsvereine
Vereinigung der Verkehrsvereine Obergoms, 3985 Münster

Lokale Verkehrsvereine

Brig/Simplon	3900 Brig, 3931 Brigerbad, 3901 Rosswald, 3901 Simplon Dorf
Aletschgebiet	3901 Blatten-Belalp, 3891 Bitsch, 3983 Mörel-Breiten, 3981 Riederalp, 3981 Bettmeralp, 3981 Grengiols
Goms	3981 Lax, 3984 Fiesch-Fieschertal, 3981 Ernen-Mühlebach, 3981 Binn, 3981 Niederwald, 3981 Bellwald, 3981 Gluringen, 3981 Reckingen, 3981 Blitzingen, 3985 Münster, 3981 Obergesteln

Verkehrsmittel

Schmalspurbahn	Brig–Oberwald–Andermatt–Oberalp (Furka-Oberalp-Bahn)
Luftseilbahnen	Blatten–Belalp, Ried bei Brig–Rosswald, Mörel–Greich–Riederalp, Mörel–Ried/Mörel–Riederalp, Mörel–Tunetschalp, Betten–Bettmeralp, Fiesch–Kühboden–Eggishorn, Fürgangen–Bellwald, Bettmeralp–Bettmergrat
Sesselbahnen	Riederalp–Hohfluh, Riederalp–Blausee–Moosfluh, Bettmeralp–Schönboden Mühlebach–Chäserstatt, Bellwald–Richenen, Oberwald–Hungerberg

Gast- und Unterkunftsstätten ausserhalb der Ortschaften
Belalp, Belvédère, Bettmerhorn (Bergstation), Fleschen (Bellwald), Gabi,
Gletsch, Grimselpass, Heiligkreuz, Hungerberg (Oberwald), Kühboden,
Martisbergeralp (Hotel Bettmerhorn), Nufenenpass, Riederfurka, Rosswald, Rothwald, Simplonpass, Tunetsch, Wasenalp. Jugend- und Fami-
lienherberge Fiesch-Kühboden; Jugendherberge in Gondo und Visp; Feriendorf Fiesch. Naturfreundehaus Riederalp.

Die Zahlen beziehen sich auf die Routennummern, bei der angegebenen Seitenzahl finden sich die heimatkundlichen Hinweise.

Abeweid 40
Ägenetal 51, 52
Ärnergale 41
Albrunpass 43
Aletschgebiet S. 111
Aletschgletscher 17, S. 111
Aletschwald 25, 28, S. 112
Alp Frid 40
Alp Eiste 1
Alpe Veglia 45
Alpje 11
Alpjerbidi 11
Alpjerung 11
Alp Statt 2
Alte Stafel 14, 15, 26
Altstafel 52, 53
Am Wasen 39
An der Matte 38
Antonius 13
Arenäst 51, 52

Bächerhyschere 37, 38, 39
Bächital 46
Bädel 1
Bäll 5, 20
Bällegga 15
Bawald 46
Belalp 5, 6, 17, 18, 19, 20, S. 113
Bellwald 34, 46, 48, 49, S. 114
Berbel 51
Betten 22
Bettmeralp 24, 25, 29, 30, S. 114
Bettmergrat 28, 29, 31
Bettmerhorn 24, 29
Bettmersee 25, S. 115
Bidemji 14
Bidl 14
Bidmer 54
Biel S. 115
Biela 1
Bieligermatte 55
Binn 2, 37, 38, 42, 43, 44, 45, S. 115
Binntal S. 115
Binntalhütte 43
Birgisch 4
Bister 1, S. 118
Bistinepass 9, 10
Blatt 37, 43
Blatte 9
Blatten 6, 16, S. 118
Blausee 25, 26

Blitzingen 49, 55, S. 118
Bodme 8, 55
Bodmerseeli 8
Bodmertälli 8
Bortel 7
Bortelalp 7
Brei 3
Breiten 21, 22
Breithorn 38
Brig 1, 3, 4, 5, 6, S. 119
Brigerbad S. 119
Bru 42
Brudelhorn 51
Brunnebiel 43

Chäller 41, 50, 51
Chaltwassertälli 8
Chäserstatt 41
Chastler 4, S. 120
Chatzenstiefel 12
Cheller 15
Chelliwald 2
Chiebodma 49
Chittumatte 5
Chrizegg 53
Chüe 48
Chumme 41
Chummesee 45
Chummefurgge 41
Chummehorn 41
Corwetsch 11

Distel 51
Distelsee 51
Donnerstafel 24

Egga 1, 3, 6, 12, 22
Eggen 4
Eggerberg 4, S. 120
Eggerhorn 42
Eggishorn 30, 31, 36
Eiholz 5
Eiste/Tunnetsch 1
Engi 15
Ernen 39, 40, 41, 42, S. 121

Fah 15
Fäld 43, 44, S. 116
Färiche 13
Fiesch 32, 33, 34, 35, S. 122
Fieschergletscher 35
Fieschertal 33, 34, 35
Finnu 4, S. 123
Finsterlig 41
Fleschbode 2
Fleschesee 49

Foggenhorn 20
Freichi 43
Furgge 38
Furggerchäller 38
Furggu 15
Furkapass 54

Gadestatt 47
Galen 50
Galmihornhütte 50
Ganterbach 3
Gand 54
Gebidumpass 9
Gebidumsee 9
Geimen 6
Giesse 43, 44, S. 116
Geisspfad 44
Geisspfadsee 44
Gere 54
Geri 15
Geschinen 55, S. 123
Geschinerbach 47
Gibelegge 33
Gibelmatte 45
Gifi 46, 50
Gletsch S. 123
Glimmuschir 2, 7, S. 136
Gluringen S. 124
Gmeinalp 15
Golmenegg 24, 25
Goms S. 124
Gondo 15, S. 126
Goppisberg 22
Greich 22
Greichergrat 26, 28, 29, 30
Grengiols 1, 37, 38, 39, S. 126
Griesspass 52
Griesserna 12
Grimsel-Hospiz 53
Grimselpass 53, S. 127
Grosses Gufer 30, 31
Grummela 2

Handegg 51
Hasel 1
Heiligkreuz 38, 45, S. 116
Hobielestafel 11
Hockmatta 39
Hof 15
Holzji 6
Homatta 11
Hosand 51, 52
Hotel Belvédère 53
Hotel Bettmerhorn 24

Iselle 11
Jochtwald 8
Jostbach 47
Judestafel 50

Kalkofen 26
Kitt 51, 52
Knebelbrücken 27
Kühboden 24, 36

Ladstafel 51, 52
Läger 51
Laggin 14
Laggin Biwak 13
Laggintal 13
Lago del Bianco 45
Lärch 41
Lärchmatte 3
Lax 22, 32, S. 127
Laxeralp 24
Lengtal 51
Lingwurm 3
Litzibach 49

Mäderlücke 8
Mählbäum 6
Mälche 45
Mangepan 23
Manibode 44
Märjelenalp 30, 31, 36
Märjelensee 30, 31, 36. S. 127
Martisberg 22
Meiggera 38
Meili 42
Mittubäch 3
Mörel 21, 22, 23, S. 128
Mühlebach 39, 41, S. 130
Mund 4, S. 130
Mundchin 4
Münster 46, 47, 50, 51, 55,
   S. 131

Napoleonsbrücke 3
Naters 4, 5, 6, S. 131
Nessel 5, 20, 34, 47
Nessul 16
Niederärnerchäller 40, 42
Niederernen 32, S. 131
Niederwald 34, 39, 55, S. 132
Nieschbord 21
Nufenenpass 52

Oberaletschgletscher 18
Oberaletschhütte 18
Obergesteln 53, 55, S. 132
Obermatta 34
Oberried 27
Obers Moos 6
Oberwald 47, 54, 55, S. 133

Pianezza 15

Rappetal 40, 42
Reckingen 41, 55, S. 133
Resti 2
Rhonegletscher S. 133
Richinen 48, 49
Ried 37, 39
Ried-Brig S. 134
Ried/Mörel 21, 23, 27
Riederalp 16, 17, 21, 24, 25,
   26, 27, 28, S. 134
Riederfurka 16, 17, 25, 26,
   27, 28
Riederhorn 25
Risihorn 48
Ritterpass 45
Ritzingen 55, S. 136
Rossbodestafel 10, 12
Rosswald 2, 7, S. 136
Rotbrüch 27
Rothwald 7, 8, S. 137
Roti Chumma 30, 31
Rufibort 2, 38

Saflischhütte 2
Saflischmatta 38
Saflischpass 2
Sali 38
San Domenico 45
Sattulti 42
Schallberg 2, 3
Schapulmatta 38, 45
Schäre 41
Schlettere 34
Schmalegge 2
Schmidigehischere 43, S. 117
Schönwasen 9
Schrickbode 7
Selkingen S. 137
Sera 15
Sicke 10
Sickerchäller 2
Silbersand 26
Simplon Dorf 10, 12, 13, 14,
   15, S. 137
Simplon-Hospiz 9, 10, 11
Simplon-Kulm 8
Simplonpass 3, 8, S. 138
Sirwoltesattel 10
Sirwoltesee 10
Sparrhorn 19
Spilbode 49
Spilsee 49
Stafel 7, 9
Staudamm 16
Steibechriz 48

Steinhaus 39
Steinutal 7, S. 138
St. Niklaus 37
Stube 15

Taferna 3, S. 139
Talegga 36
Tälligrat 36
Tällihütte 17
Termen 1, S. 139
Tyndall 19
Titter 35
Totesee 53
Tunnetschalp 1

Uf de Setzu 30
Uf en Egga 40
Ulrichen 51, 52, 55, S. 139
Unnerbärg 35
Unners Tälli 36
Unnerwasser 54

Viertel 37, 38
Villa Cassel S. 113
Vispernanz 9
Vispperterminen 9, S. 140
Vordersee 31

Walibach 46
Wase 7, S. 137
Wasserfuhren S. 140
Weng 13
Wichel 33
Wiler 32
Wilera 34, 46, 48, 49
Wilere S. 117
Wilerlärch 46
Willere 46
Wintrigmatte 7
Wirbul 35
Wisse Bode 10
Wysswasser 35

Z'Brigg 32
Zen Binnen 2, 37, 38, S. 117
Zen Hohen Flühen 23
Zer Flie 33, 35
Z'Gartu 1
Z'Mübach 40, 42
Züesee 44
Zum Loch 51, 52, 55
Zwischbergen 15, S. 126

Bern
03061 Laufental
03004 Chasseral
03023 Moutier und Umgebung
03021 Région de Moutier (f)
03022 Franches-Montagnes (f)
03014 Oberaargau
03018 Bern Nord
03064 Seeland
03007 Forst–Frienisberg
03001 Emmental I
03003 Emmental II
03020 Bantiger–Wägesse
03666 Bern–Gantrisch–
       Schwarzwasser
03026 Bern und Umgebung
03067 Thunersee
03068 Brienzersee–Oberhasli
03069 Jungfrau-Region
03070 Kandertal
03013 Niedersimmental–Diemtigtal
03017 Obersimmental
03012 Saanenland
03000 Wanderwege im Kt. Bern
03002 Passrouten im Berner Oberland

Graubünden
03152 Surselva/Bündner Oberland
03127 Valsertal–Bad Vals
03165 Mittelbünden/Grischun central
03137 Misox–Calanca
03603 Lenzerheide–Oberhalbstein–
       Albula
03604 Chur–Arosa–Bündner Herrschaft
03125 Prättigau
03111 Davos
03606 Unterengadin
03607 Oberengadin
03608 Bergell
03135 Puschlav
03610 Engadina/Engadine (i/f)

Wallis
03621 Brig–Simplon–Aletsch-Goms
03169 Brigue–Simplon–Aletsch–
       Conches (f)
03116 Lötschental/Lötschberg
03160 Leukerbad
03161 Loèche-les-Bains (f)
03108 Vispertäler
03141 Zermatt–Saas Fee–Grächen (f)
03624 Val d'Anniviers–Val d'Hérens
03625 Val d'Anniviers–Val d'Hérens (f)
03144 Sitten–Siders–Montana
03122 Sion–Sierre–Montana (f)
03142 Monthey–Val d'Illiez–
       Dents-du-Midi
03114 Monthey–Val d'Illiez–
       Dents-du-Midi (f)
03143 Martigny–Bagnes–Entremont
03118 Martigny–Bagnes–
       Entremont (f)

Tessin
03641 Lugano
03642 Locarno
03643 Tre Valli/Leventina–
       Blenio–Riviera
03644 Ticino/Tessin (i/f)

Westschweiz
03651 Jura
03176 Jura (f)
03128 La Côte et le Pays de la Venoge (f)
03167 Vallée de Joux (f)

Nordwestschweiz
03661 Basel
03106 Solothurn
03105 Olten
03119 Aarau
03115 Baden

Ostschweiz
03671 St. Gallen–Appenzell
03171 Toggenburg–Churfirsten
03166 St. Galler Oberland
03673 Glarnerland

Zentralschweiz
03170 Luzern–Pilatus
03682 Hochdorf, Sursee, Willisau
03683 Entlebuch
03139 Obwalden
03133 Engelberg
03685 Nidwalden
03686 Uri
03687 Schwyz
03688 Vierwaldstättersee–Rigi
03126 Rigigebiet
03110 Zugerland

Durchgehende Routen
03401 Alpenpassroute
03402 Gotthardroute
03403 Mittellandroute
03404 Rhein-Rhone-Route
03405 Hochrheinroute
03406 Alpenrandroute
03407 Basel-Sion-Route
03408 Schwarzwald-Veltlin-Route
03409 Romandie (f/d)
03410 Jurahöhenroute
03411 Chemin des Crêtes du Jura suisse (f)

Rundwanderungen
03180 Bern–Mittelland
03181 Bern–Oberland
03182 Freiburgerland
03183 Région de Fribourg (f)
03184 Aargau
03185 Tessin
03150 Pays de Neuchâtel (f)
03149 Pays de Vaud (f)
03189 Zürich

Internationale Routen
03201 Mont-Blanc
03202 Autour-du-Mont Blanc (f)
03203 Bodensee
03205 Elsass–Vogesen
03206 Lago Maggiore/Langensee
03207 Fürstentum Liechtenstein
03210 Tour du Léman (f)

Wanderkarten 1 : 50 000
00301 Oberaargau–Bucheggberg
00645 Emmental–Napf–Entlebuch
00637 Bern–Mittelland–
       Schwarzenburgerland
00757 Thunersee
00634 Oberhasli–Lütschinen-
       täler–Kandertal
00635 Kandertal–Ober-
       simmental–Saanenland
00305 Niedersimmental–
       Diemtigtal–Stockhorn
00402 Disentis
00403 Albula–Landwasser
00758 Samnaun 1 : 25 000
00405 Unterengadin–Nationalpark
00788 Zernez–Nationalpark
00727 Oberengadin und Bernina
00715 Valle Maggia
00705 Lausanne 1 : 25 000
00665 Nordwestschweiz
00785 Zürich
00951 Luzern

Wanderkarten des Jura 1 : 50 000
00691 Aargau–Lägeren–Bözberg
00692 Basel–Baselland–Olten
00693 Solothurn–Delémont–
       Porrentruy
00694 Neuchâtel–Chasseral–
       Bienne
00695 Yverdon–Ste-Croix–
       Val de Travers
00696 Lausanne–La Côte–
       St-Cergue–Vallée de Joux